25 ANOS
autêntica

Coleção
Educação: Experiência e Sentido

Organização
Fernando Bárcena
Maximiliano Valerio López
Jorge Larrosa

Elogio do estudo

Tradução
Carlos Maroto Guerola

autêntica

Copyright © 2023 Os organizadores

Título original: *Elogio del estudio*

Todos os direitos reservados pela Autêntica Editora Ltda. Nenhuma parte desta publicação poderá ser reproduzida, seja por meios mecânicos, eletrônicos, seja via cópia xerográfica, sem autorização prévia da Editora.

COORDENADORES DA COLEÇÃO
EDUCAÇÃO: EXPERIÊNCIA E SENTIDO
Jorge Larrosa
Walter Kohan

EDITORAS RESPONSÁVEIS
Rejane Dias
Cecília Martins

REVISÃO
Mariana Faria

CAPA
Alberto Bittencourt
(detalhe de A lição de anatomia do dr. Tulp, *Rembrandt, 1632)*

DIAGRAMAÇÃO
Waldênia Alvarenga

Dados Internacionais de Catalogação na Publicação (CIP)
(Câmara Brasileira do Livro, SP, Brasil)

Elogio do estudo / organização Fernando Bárcena, Maximiliano Valerio López, Jorge Larrosa ; tradução Carlos Maroto Guerola. -- Belo Horizonte, MG : Autêntica, 2023. -- (Educação : Experiência e Sentido)

Vários autores.
Título original: Elogio del estudio.
Bibliografia.
ISBN 978-65-5928-236-4

1. Educação - Filosofia 2. Prática de ensino 3. Professores - Formação I. Bárcena, Fernando. II. Valerio López, Maximiliano. III. Larrosa, Jorge. IV. Guerola, Carlos Maroto. V. Série.

22-134154   CDD-370.1

Índices para catálogo sistemático:
1. Educação : Filosofia 370.1

Eliete Marques da Silva - Bibliotecária - CRB-8/9380

Belo Horizonte
Rua Carlos Turner, 420
Silveira . 31140-520
Belo Horizonte . MG
Tel.: (55 31) 3465 4500

São Paulo
Av. Paulista, 2.073, Conjunto Nacional,
Horsa I . Sala 309 . Bela Vista
01311-940 São Paulo . SP
Tel.: (55 11) 3034 4468

www.grupoautentica.com.br
SAC: atendimentoleitor@grupoautentica.com.br

APRESENTAÇÃO DA COLEÇÃO

A experiência, e não a verdade, é o que dá sentido à escritura. Digamos, com Foucault, que escrevemos para transformar o que sabemos e não para transmitir o já sabido. Se alguma coisa nos anima a escrever é a possibilidade de que esse ato de escritura, essa experiência em palavras, nos permita liberar-nos de certas verdades, de modo a deixarmos de ser o que somos para ser outra coisa, diferentes do que vimos sendo.

Também a experiência, e não a verdade, é o que dá sentido à educação. Educamos para transformar o que sabemos, não para transmitir o já sabido. Se alguma coisa nos anima a educar é a possibilidade de que esse ato de educação, essa experiência em gestos, nos permita liberar-nos de certas verdades, de modo a deixarmos de ser o que somos, para ser outra coisa para além do que vimos sendo.

A coleção *Educação: Experiência e Sentido* propõe-se a testemunhar experiências de escrever na educação, de educar na escritura. Essa coleção não é animada por nenhum propósito revelador, convertedor ou doutrinário: definitivamente, nada a revelar, ninguém a converter, nenhuma doutrina a transmitir. Trata-se de apresentar uma escritura que permita que enfim nos livremos das verdades pelas quais educamos, nas quais nos educamos. Quem sabe assim possamos ampliar nossa liberdade de pensar a educação e de nos pensarmos a nós próprios, como educadores. O leitor poderá concluir que, se a filosofia é um gesto que afirma sem concessões a liberdade do pensar, então esta é uma coleção de filosofia da educação. Quiçá os sentidos que povoam os textos de *Educação: Experiência e Sentido* possam testemunhá-lo.

Jorge Larrosa e Walter Kohan[*]
Coordenadores da Coleção

---

[*] Jorge Larrosa é professor de Teoria e História da Educação da Universidade de Barcelona, e Walter Kohan é professor titular de Filosofia da Educação da Universidade do Estado do Rio de Janeiro (UERJ).

Prólogo
Sobre o *Elogio do estudo*
Carlos Skliar 9

Meditação sobre a vida estudiosa
Fernando Bárcena 27

Aprender/estudar uma língua
Jorge Larrosa 75

O estudo como cuidado do mundo
Diego Tatián 109

**Do ócio ao estudo: sobre o cultivo e a
transmissão de uma arte**
Maximiliano Valerio López 133

**Sobre formas de fazer: o estudo e o
ofício de professor**
Caroline Jaques Cubas, Karen Christine Rechia 159

**Notas sobre a universidade enquanto *studium*:
o lugar do estudo coletivo público**
Jan Masschelein 193

**Estudo e repetição: a respeito de
dois filmes de Pedro Costa**
Karen Christine Rechia, Jorge Larrosa 221

Epílogo
Jorge Larrosa 245

PRÓLOGO

Sobre o Elogio do estudo

Carlos Skliar

Permitam-me discorrer sobre uma recordação, talvez duas, para iniciar esta apresentação do *Elogio do estudo*. Há mais de quinze anos, Jorge Larrosa lançava no Brasil um livro instigante – pelo seu design, pela forma da sua escrita, porque era bilíngue, porque era poético, porque parecia principalmente um livro-objeto para crianças – intitulado *Estudar/Estudiar* (Autêntica, 2003).

Recordo-me da perplexidade que causou em certos ambientes a afirmação dessa palavra no título, pois ela já fora questionada por aqueles que defendiam que fosse deixada de lado em favor da poderosa palavra "aprender", quer por considerá-la uma expressão com pouco uso que remetia a um passado sem dúvida tenebroso, quer por sua suposta conotação de obrigatoriedade e autoritarismo.

Aqueles que não tinham lido o livro – e nunca chegaram a lê-lo – pareciam desprezá-lo apenas pelo incômodo que produzia neles a simples menção ao estudo e ao estudar, assim como sua centralidade na narrativa, como se essa palavra, por si só, fizesse soçobrar a tremeliquenta linguagem da educação e persistisse em não desaparecer tão rápido, e apenas porque sim.

Já aqueles que lêramos o livro – e ainda continuamos a lê-lo – fomos partícipes de um debate repleto de perguntas sem fim cujas respostas, a julgar pelo livro que vou apresentar aqui, ainda estamos procurando: o que acontece ao estudar? O que há do estudar que é, simultaneamente, leitura e escrita? O que faz um estudante? O que há do silêncio, do calar-se, do tempo, do espaço, dos livros, das conversas sobre aquilo que se lê, do perguntar, da atenção, da fidelidade e infidelidade durante o estudo? O que faz um professor para estudar e para que, de fato, os seus estudantes estudem?

Entre as páginas daquele livro, estou lembrando de um desenho que chamara poderosamente minha atenção e apenas agora, enquanto rascunho esta introdução, posso compreender por quê. Trata-se da imagem de um jovem que, apoiando as mãos sobre uma mesa, olha, por meio de um microscópio, um livro; a imagem transmite a sensação de um estudo em que há aprofundamento, concentração e leitura atenta à margem do externo. Quando a vi pela primeira vez, a imagem parecera-me muito precisa pelo modo peculiar de misturar a ideia de arte – a arte de ler – e a ideia de técnica ou ciência – dos modos de olhar, de fazer – para compor aquela cena complexa do estudar.

Essa imagem do Estudo chama agora minha atenção por causa da lembrança mais próxima de uma obra que admirei pouco tempo atrás na exposição "Autorretrato de outro", de Tetsuya Ishida, em Madri.

Trata-se da pintura *Mebae* (*Despertar*), datada em 1998, que retrata o interior de um colégio onde alguns estudantes sentados em suas carteiras olham para a frente, assistindo a uma lição do professor, donos de si ou presos na atenção mais absoluta, com livros, e cadernos, e lápis, e canetas em suas mãos. Acontece é que pelo menos dois dos estudantes

PRÓLOGO

do quadro perdem sua fisionomia humana para eles mesmos adotarem o formato de microscópios.

A transformação, ou mutação, é impressionante e eloquente por si só: a dupla de estudantes torna-se máquina – como assim fazem também, na mostra do pintor japonês, operários de fábricas que mutam se transformando em uma engrenagem que não permite distinguir o humano do artefato ou que os confunde definitivamente –, tornando a ideia de estudar ou do estudante uma imagem tortuosa e mortífera, despossuída de corpo, e, por assim dizer, de espírito.

É verdade que a obra de Ishida antecipa, artisticamente, as mudanças de época que vêm acontecendo há um tempo e que parecem ter encontrado recentemente sua retórica conceitual, enquanto expressão de uma batalha do humano contra sua própria desumanização, contra sua mutação ou assimilação em máquina, esse gesto desesperado e desesperador da agonia humana frente aos mecanismos brutais e perturbadores do capitalismo impiedoso.

O outro é, sem sombra de dúvida, um homem-caixa, um indivíduo confinado, impedido de tomar decisões, fragmento de uma engrenagem fatídica, e é também o homem fraturado, aquela figura que prenunciou Foucault em "Nietzsche, a genealogia e a história".

O humano foi transformado, no âmbito de mais um processo de objetificação, em uma longa série de coisificações, consequência das quais parece não haver mais diferenciação entre as coisas, porque o humano é mais uma coisa, estando ali incluído; o humano faria parte nada menos do que da série de objetos-coisas que são fabricados impiedosamente em um regime de automatização absoluta. Assim sendo, nada parece diferenciar o humano do fabricado, de modo que, na obra de Ishida Tetsuya, o corpo do outro é a parte do objeto que faz a peça funcionar, aquilo que permite que o objeto acione o mecanismo, ou, simplesmente, a peça ou o mecanismo em si mesmo.

Comentei com certo nível de detalhe essa lembrança dupla porque acredito que se encontra nela a tensão dolorosa e definitiva sobre a qual o *Elogio do estudo* toma suas decisões e elabora seus pontos de vista comuns e coletivos, um elogio que é louvação tanto quanto temor por uma perda ou uma derrota, que é voltar com firmeza sobre os próprios passos e, também, um gesto de melancolia, desejar que certas coisas – tais como o estudo, o estudar, o estudante – não desapareçam em meio ao rebuliço das marés da época, ou que, pelo menos, não tenham se tornado definitivamente peças de museu.

Da imagem do estudar

Uma imagem nítida, porém, por sinal, algo descolorida: alguém de idade desconhecida, alguém comum, alguém que é qualquer um, encontra-se no meio de uma sala ou de um quarto estreito, sob uma iluminação acentuada cujo foco aponta para uma escrivaninha e se dissemina, talvez, em direção a um livro e um caderno, e a um lápis ou uma caneta, e a água ou café ou chá fumegantes, em que não há interrupções de nada nem de ninguém, perto de uma janela encostada; frente à biblioteca, um pouquinho mais além, ainda é possível ver algumas roupas espalhadas; o restante da cena encontra-se vazio ou ausente.

Aquele que é chamado ou enxergado enquanto estudante, o indivíduo que estuda, encontra-se reconcentrado, absorto, suspenso no tempo, habitante de um interior que não se sabe bem o que é, porém existe. Seu olhar pousa e se detém sobre um fragmento de compreensão árdua, buscando alternativas em outros parágrafos para elucidá-lo; talvez faça

PRÓLOGO

um gesto de estupor ao tentar identificar se alguma palavra ao redor lhe oferece os indícios necessários para seguir em frente ou voltar atrás uma e outra vez até sua contração lhe indicar que seu corpo está novamente no presente do texto. Quem estuda, engajado nessa imagem anacrônica, parece estar ausente e, ao mesmo tempo, prestando atenção, uma atenção que, vista de fora, parece tensa, excessiva, como se o mundo ou parte dele tivesse deixado de existir e outro mundo, ou certa porção de outro mundo, se fizesse presente de um modo revelador, ou, quanto menos, essencial; preocupado apenas por uma razão que é, sem dúvida, ínfima mas também transcendental: dar forma determinada a um assunto até então amorfo, alojá-lo dentro de si, sabê-lo no sentido de transformá-lo por algum signo cuja intuição precedente era ainda parca ou abissal e se constitui pouco a pouco e lentamente, como se tivesse todo o tempo do mundo pela frente ou o tempo não existisse como tal, ou fosse um outro tempo.

A iconografia do estudo, de estudar e de quem estuda é bem conhecida, repetida insistentemente na história da filosofia e nas representações das artes, e, até pouco tempo atrás, sem rivalidade à vista. Deve ser difícil encontrar imagens diferentes às que eram habituais, pela simples razão de que seu sentido mais ancestral era reconhecível em sua aparência, necessário sob a forma da atividade ou tarefa e, inclusive, de certa forma de celebração ou virtude. Ela poderia ser, sim, considerada individualista, até certo ponto privilegiada e inclusive uma imagem do particular ou do privado – talvez confundindo-a com a privacidade –, porém é incontestável em sua fisionomia espacial e temporal: um indivíduo entregue corporalmente a um exercício – de leitura, de escrita, de atenção, de pensamento, de voz – que se afasta ou deixa em suspenso ou se distancia de outra ocupação imediata, que desconhece as consequências utilitárias e futuras do seu ato em vigor, e que busca incansavelmente a translação para um mundo de fronteiras por princípio ilimitadas.

Algumas sutilezas podem ser encontradas na repetição da imagem em questão se apreciarmos com atenção algumas pinturas que ilustram a gestualidade tipificada de estudar. Por exemplo, em *Uma estudante*, de Ethel Leach, assim como em *Tito em sua mesa*, de Rembrandt, e também em *A paixão da criação*, de Leonid Pasternak – por mencionar apenas alguns exemplos – é notável que durante a realização da atividade sempre uma mão sustenta a cabeça e outra mão segura com afinco o objeto portador do texto e da escrita; a circunspecção é evidente, a ferrenha tensão também é, e não há diferença alguma nos elementos que compõem a atividade: a mesa como apoio, o corpo como sustentação, os livros como presença do mundo, a escrita como registro particular ou singular.

A cena, tipificada dessa forma, encontra-se alinhada com a paralisação do tempo e a configuração do espaço enquanto retiro ou refúgio, com uma atmosfera de silêncio e de pouca luminosidade, com a solidão, o esforço ou o devaneio, e emparenta com nitidez a ideia de estudo com a ideia de leitura, em sincronia com aqueles que Hugo de São Vítor identificou em sua *Didascalicon* – na Baixa Idade Média, no ano de 1130 – enquanto movimentos espirituais do exercício do leitor: *meditatio, circunspectio, soliloquium, ascentio*.

A generalização dessa imagem pictórica reconhecível poderia até tirar o indivíduo que estuda de seu ambiente particular e conduzi-lo para outros lugares igualmente habituais: bibliotecas, estudos fora de casa, salas de aula de colégios e universidades, sem que isso afete a essência da natureza peculiar de seu tempo e seu espaço.

Para a concretização da cena material do estudo também seria possível fazer um percurso por meio de romances do

PRÓLOGO

fim do século XIX e de todo o século XX, cuja imagem, embora seja diferente das imagens anteriores porque se desloca muito mais em direção às figuras extremas do professor ou do estudante – e suas relações conflituosas e em mudança constante –, consegue se concentrar principalmente em uma máxima formativa ancestral e ainda presente em um tempo nem tão longínquo, nem tão distante: aquela de educar e de se educar enquanto travessia no mundo e na aprendizagem da arte de viver.

Estudar aparece nessa literatura, dessarte, não tanto como um exercício a ser comemorado por si mesmo, mas também como um pano de fundo, algo desbotado ou com menos nitidez, porém igualmente transcendental, de uma crítica mais ampla aos sistemas educativos e suas instituições. Os exemplos com maior reconhecimento são entre os romances *Tempos difíceis* (1854), de Charles Dickens, *Pigmalião* (1913), de George Bernard Shaw, *A montanha mágica* (1924), de Thomas Mann, *O apanhador no campo de centeio* (1951), de J. D. Salinger, *Stoner* (1965), de John Williams, *Waterland* (1983), de Graham Swift, *Não me abandone jamais* (2005), de Kazuo Ishiguro, entre muitos outros.

Para uma filosofia do estudo

Certa tradição filosófica sugere que a atividade de estudar pode e deve ser compreendida como uma forma de vida, como um estilo particular de se viver e de se relacionar com o mundo. Nessa chave, a etimologia da palavra é reelaborada e é recuperado o gesto ancestral da atividade de estudar identificando-a com o surgimento da *scholè* grega e da noção de um tempo liberado – mas não exatamente ocioso – em que se presta atenção a certos assuntos, de certa maneira, em certos espaços.

Os autores e autoras reunidos neste livro (Jan Masschelein, Maximiliano López, Karen Rechia, Caroline Cubas, Jorge Larrosa, Fernando Bárcena e Diego Tatián) concordam em pensar o estudo por meio de uma série de princípios filosóficos de algum modo essenciais e irredutíveis: o estudo enquanto atividade, a diferenciação radical de estudar e aprender, o estudo que é cuidar do mundo e cuidar-se do mundo, o estudo enquanto algo que parece ter sucumbido ou se perdido, o estudo enquanto refúgio ou afastamento, ou retiro – *ir* estudar –, o estudo enquanto atenção ao que é particular, estudar enquanto espanto ou estupefação, enquanto algo sem finalidade ou que não é produtivo, enquanto algo filiado a ler, escrever, pensar e escutar, enquanto ação interminável, enquanto orientação para o mundo – e não para o professor ou para o aluno, nem para o ensino ou para a aprendizagem –, a disposição de tempo para o estudo, e a relação mencionada anteriormente entre estudo e tempo livre – mas não o trabalho.

O conjunto de capítulos deste livro encara a tarefa comum de pensar a escola e o estudo a partir de seus significados gregos e latinos, talvez no ímpeto – necessário e imprescindível – de fazer perdurar certos sentidos hoje deslocados pelas linguagens especializadas, tecnocráticas ou atrofiadas de poder. Nesse sentido, "escola" origina-se do grego σχολή, que, em suas origens, conotava, de fato, tempo livre ou férias, assim como descanso, ócio, paz, tranquilidade, suspensão, paralisação; o verbo que correspondia ao substantivo em questão era σχολάζω, o qual denotava também a ação de estar desocupado, ocioso, com disponibilidade de tempo, ou de ter tempo ou estar livre, de se dedicar ao tempo e consagrá-lo. A escola, assim, era o lugar onde as pessoas dispunham de tempo para a formação, liberados de urgências e de preocupações mais conjunturais ou imediatas da vida. Em linha com essas expressões, os termos "estudo" e "estudar" vêm do latim *studium*, isto é: empolgação, afeição ou empenho; e, além disso, dedicação ou afeto por algo, por alguém, uma disposição espiritual e corporal escolhida livremente.

Dessa conscienciosa tarefa etimológica, poderiam surgir várias ideias sobre a afinidade entre o estudo e a escola: em nenhum dos casos aparece a associação, tão atual e estreita, entre estudo, tarefa, esforço e trabalho, e seria até impensável encontrar algum vínculo de significado entre o gesto de estudar e o de ocupar-se fazendo algo a contragosto – lembremos, pois, da máxima latina *non studio, sed officio*, que faz referência à contradição flagrante entre a afeição ou afeto e o dever. Também não implica a desvinculação absoluta entre o estudo e o empenho, uma vez que o verbo *studeo* supunha a dedicação com afinco a algo e certa forma de disciplina – cuja origem pode se encontrar no verbo *disceo*, um termo que inclui traços e tons de conhecimento, arte e ciência.

Segundo afirma Jan Masschelein neste livro, foi a ideia de estudo que permitiu, também, o desprendimento da noção de aprendizagem individual em direção à vida pedagógica comum: "a noção de estudo foi a mais usada para se fazer referência à 'vida pedagógica' que se desenvolveu dentro do espaço dessas associações. Portanto, essas associações não faziam referência somente a práticas de iniciação ou socialização em grupos sociais, culturais, vocacionais ou religiosos particulares e não faziam referência a atividades de aprendizagem individual. As universidades eram uma nova forma de *scholè*, de estudo público coletivo (*studii* é o genitivo singular de *studium*)".

Por outro lado, essa forma de se viver o estilo de vida aqui mencionado procede de uma relação particular entre as formas de tempo livre e ocupado, o que faz do estudo uma ação, uma atividade ou um exercício que coloca em jogo ou evidencia atributos ou virtudes ultrapassadas sob a ótica da época atual, as quais são consideradas inclusive inimigas para a materialização não de um indivíduo engajado no estudo, e sim de um fadado ao sucesso, à autossuperação e à salvação pessoal.

Embora retomarei essa questão um pouco mais à frente, cabe apontar aqui que estes atributos negados e colocados sob suspeita em relação ao estudo seriam: a suspensão, o distanciamento, o se colocar entre parênteses, a solidão, o silêncio, a leitura inútil, a escrita criativa, a parcimônia ou a serenidade, o pensamento e o conhecimento não lucrativos, a relevância do *porque sim* e a indiferença em relação ao *para quê*.

Como é possível observar, todos esses atributos trazem à tona o intenso debate entre escola, estudo e trabalho, ou, para colocá-lo de forma mais direta, a vontade incansável de transformar e assimilar o estudante na figura do futuro trabalhador. O estudo não ocorreria mais na chave do exercício e da atenção em espaços disponíveis de tempo livre, mas, sim, como nos levam a entender as políticas e práticas atuais, na chave do desenvolvimento de habilidades e competências para se adequar às exigências do mercado, em que a gratuidade e o desinteresse cederiam passagem ao lucro, ao benefício e à produtividade. Não se trata mais, como é expressado de modo cabal no livro, por exemplo, de estudar uma língua – ou uma arte, ou um ofício – mas de aprendê-la no sentido mais utilitário. Não se trata mais do estudo em si, por si mesmo, e sim de um meio no qual o que importa, literalmente, são as consequências, as finalidades.

Sobre a relação entre escola e tempo livre, Maximiliano López faz o seguinte comentário neste livro: "A escola, na sua forma originária, é um dispositivo capaz de transformar o ócio em estudo; não em trabalho, mas sim em estudo.

A escola que o neoliberalismo propõe, pelo contrário, pretende transformar o estudo em aprendizagem (ou em pesquisa) e a própria aprendizagem em trabalho e consumo, despojando-o assim de seu caráter ocioso. Dessa maneira também se retira da escola seu caráter comum, já que se faz dela um meio para uma apropriação privada".

Ecoa aqui, com notável força, o discurso de Paul Lafargue sobre *O direito à preguiça* (1880; 1882), ou seja: se a ocupação pelo trabalho e a redução do tempo de existência à tarefa fabril não acabam impossibilitando, de fato, as virtudes mais formativas do humano. Nesse sentido, Lafargue provoca um debate intenso em torno da oposição histórica e radical entre tempo livre e tempo de trabalho.

Como é bem sabido, na Grécia clássica era comum qualificar o tempo livre como fundamentalmente contemplativo e criador, liberado e sem nenhuma ligação com o trabalho, tempo desocupado de toda e qualquer tarefa ou responsabilidade cidadãs, em definitivo, uma temporalidade sem outra finalidade que se cultivar a arte da vida, a solidão, o silêncio e o pensamento. O ideal grego de *scholè* pouco ou nada teria a ver, portanto, com deixar de fazer ou não fazer nada, uma vez que seu significado exprime decididamente cessar, um gesto de deter-se, de parar.

Talvez o que valha a pena retratar aqui seja essa sorte de separação entre o ideal de vida – o tempo livre como fim em si mesmo, segundo Aristóteles – e o ideal de mundo, ou, melhor dizendo, de uma divisão entre a liberdade vital e a escravidão trabalhista, entendida como uma sorte de estratificação social segundo a qual alguns usufruiriam de tempo livre, e outros, não. Em todos os casos, *scholè* nos sugere, como dito anteriormente, um tempo formativo, consequentemente pedagógico, derivando a proximidade e ressonância com o termo "escola".

Alguns autores que também estudam o termo e o usam de modo semelhante escrevem *scholè*; resumidamente, em Pardo (2004) ecoa uma noção bourdieuana de *scholè* não apenas considerada enquanto tempo livre, mas também enquanto ócio, enquanto distância da urgência e da necessidade, enquanto ausência de apostas vitais. Por outra parte, Rancière (2007) parece entender *scholè* como condição das pessoas que têm tempo livre, daqueles que são iguais na medida em que possuem esse tempo livre e consagram eventualmente o privilégio social do agradável prazer do estudo; daí a distinção entre "homens da *scholè*" e "homens da necessidade", entre aqueles que podem e aqueles que não podem se dar ao luxo do simbólico: desse modo, a escola moderna seria a herdeira paradoxal da *scholè* aristocrática, que tornaria iguais àqueles que acolhe menos pela universalidade de seu saber ou pelos efeitos de sua redistribuição social do que pela forma consistente de sua separação em relação à vida produtiva.

De qualquer maneira, se, para os gregos, o tempo livre ignora ou não se relaciona com o tempo de trabalho, e se afirma como exercício do pensamento, emparentando-se com a filosofia e a arte – um tipo de vínculo que as sucessivas civilizações foram apagando quase completamente –, a ideia de ócio latino-romana posterior foi difundida muito mais sob a forma de recreio e diversão – uma prática que diz respeito à recuperação do esforço do trabalho e que ainda vigora entre nós, embora não exatamente do mesmo modo.

Por último, teríamos de fazer maior insistência ainda na distinção entre estudar e aprender, ou entre estudo e aprendizagem, pois, conforme apontado neste livro por Jorge Larrosa: "Como consequência disso, a distinção entre estudo e aprendizagem é fundamental tanto para a própria definição de educação como para qualquer consideração em torno das funções (ou efeitos) da escola".

PRÓLOGO

Uma educação e uma escola centradas na aprendizagem, ou que se transformam literalmente em um ambiente de aprendizagens, não apenas não se separam ou diferenciam do mundo tal qual ele teima ser nesta época – em sua aparência competitiva e individualista –, como também o reduzem até torná-lo uma máquina que emite sinais por todo lado, de nenhum lado e para ninguém. Esse ambiente de aprendizagem não é outra coisa que um espaço sideral que disponibiliza informação audiovisual e textual e faz dessa disponibilização um curioso sinônimo de conhecimento. Assim, pareceria que aquilo que está disponível é aquilo que se conhece, reabsorvendo o existente em cognoscente.

Mas, além dessa, existe outra consequência talvez mais dramática na transformação da educação e da escola em ambientes de aprendizagem e não de estudo: trata-se da confusão – ou contradição, ou oposição – entre certa experiência de liberdade que deriva da noção de tempo livre para estudar e a exigência de desempenho que se origina da ideia de aprender. Nessa linha argumenta Fernando Bárcena neste livro: "No contexto do discurso da 'sociedade da aprendizagem', sem dúvida é possível aprender muitas coisas, porém sem necessidade de tê-las estudado com atenção e demoradamente no sentido em que estou considerando aqui a palavra 'estudo'. Pelo menos no que se refere às instituições educativas, nossa época sente orgulho de noções tais como *aprendizagem* (e outras como *aprender a aprender, aprender ao longo da vida, empreendedorismo*), mas torna impensável a palavra 'estudo'".

Para se recuperar a ideia de se lançar para o mundo, para poder realizar essa travessia que é a educação, para não fazer da educação unicamente a obtenção de um indivíduo bem-sucedido, empreendedor, obcecado com aprender porém não com estudar, a noção de estudo poderia ser entendida como uma forma de cuidado, conforme Diego Tatián elabora neste

COLEÇÃO "EDUCAÇÃO: EXPERIÊNCIA E SENTIDO"

livro: "Cuidado, portanto, enquanto proteção do que está ameaçado por frágil, também enquanto memória daquilo que efetivamente se perdeu e enquanto preservação da pergunta por aquilo que difere ou chega de outro lugar. Mas seria também necessário se interrogar a respeito do sentido subjetivo do genitivo, cuidado *do mundo*: Mundo como algo que cuidar, e, ao mesmo tempo, como algo com o que se ter cuidado. Quem sabe o elogio do estudo deveria manter juntos ambos os sentidos".

Da época e do estudo

É possível pensar que a imagem do estudo, do estudante, do estudar, encontra-se atualmente fora de cena? Ou que está sendo substituída por outras imagens e formas quer equivalentes, quer completamente diferentes? Que o estudo é um gesto em vias de extinção, independentemente das exceções? Que o estudo, que o estudante, que o estudar constituem, certamente, a absoluta exceção à aparência da época?

É possível adicionar aqui a pergunta sobre o professor, ou sobre a relação entre as figuras do professor e do estudo. Assim fazem, neste livro, Karen Rechia e Caroline Cubas: "Podemos afirmar que são vários os gestos do ofício que marcam o corpo e constituem o que é ser professor. Tais gestos e modos de fazer são geralmente desenvolvidos através da prática, no percurso das lembranças, das inspirações, dos saberes que provêm da leitura e da experiência. Não é possível reivindicá-los, portanto, enquanto conhecimentos específicos de uma área ou de outra; também não é possível sua transposição. Contudo, são característicos de um ofício. Indispensáveis, ordinários e, com frequência, imperceptíveis".

Se a imagem do estudo tem se visto desbotada ou com avarias, ou, diretamente, abolida, também a do professor, a de seu ofício no sentido recém-mencionado, parece fazer parte de uma tradição que se olha com suspeição e negligência. E tudo isso faz parte da matéria com que tem se desfeito boa parte da história, assim como da matéria, fugidia, com a qual tem sido construída a ideia de indivíduo – que afeta tanto o estudante como o professor – nesta época de aceleração e inovação.

Como já coloquei em outro trabalho (SKLIAR, 2019), o oposto daquela máxima de se lançar ao mundo e se iniciar na difícil e interminável arte de viver se resume na imagem do hamster que gira incessantemente em sua roda, engaiolado, indo para lugar nenhum, deslocando-se em direção a nenhuma parte, movido pelo reflexo absoluto da aceleração contínua, incapaz de se deter, de olhar para os lados, de perguntar-se algo.

A aceleração ou a velocidade por si só é o motivo que inspira uma esquisita rede de profissionais a criar uma fonte inesgotável de ideias sobre o sujeito atual, sobre o tempo em que vivemos e sobre como nos adaptarmos a tudo isso em uma atmosfera de felicidade curiosa e contraditória. É essa aceleração do tempo, a aceleração humana do hamster, que se torna metáfora crua, quase despossuída de atributos, uma metáfora literal, se nos for permitida essa expressão contraditória: a pressa, a urgência, a ocupação frenética do tempo são apenas detalhes de uma aceleração que se nos apresenta enquanto remédio contra a preguiça ruim e a maldita perda e disponibilidade de tempo, pois o que vale, o que tem valor, é a aceleração em si mesma (CONCHEIRO, 2016).

É um tempo voraz que aponta, logo a partir da primeira infância, para o imperativo da rapidez em direção a um estado de suposta realização pessoal, condenada ao esforço e ao sacrifício, embora sempre matizada por um estranho sorriso congelado, também obrigatório.

A vida privada acelera rumo ao sucesso prometido na sua autogestão empresarial e sucumbe frente às exortações ambíguas de seus mandachuvas: o indivíduo apegado à aceleração do mundo sente que tudo é possível – tudo é comunicável –, que poderia tudo se quisesse –se não quiser, regride ao mecanismo da desrealização, porém por sua própria culpa –, que não há limites, que o mundo está aqui e agora no presente fantasmagórico de uma tela mas, simultaneamente, é receptor de mandados contraditórios, impraticáveis, impossíveis mesmo na forma de uma prática sofística.

A expressão "24/7", cunhada por Jonathan Crary em livro homônimo publicado em 2015 – 24 horas por dia, todos os dias da semana; sempre acordados, ativos, consumindo, comunicando, dentro ou fora de espaços, indivíduos ou máquinas, ou de espaços, indivíduos e máquinas –, pode nos servir para pensar o que gostaríamos de descrever aqui.

Trata-se de uma temporalidade absoluta, impiedosa com os mais fracos ou frágeis, na qual todo repouso ou descanso se torna supérfluo, ou, melhor dizendo, inconveniente. Não é necessário dormir; sequer sonhar é apropriado. A linha habitual que diferenciava nitidamente o tempo alternado entre o trabalho e o não trabalho se dilui até desaparecer. O trabalho é tudo, sempre, ilimitadamente.

A temporalidade 24/7 não pode mais ser considerada apenas uma experiência falaz; na verdade, de forma direta e implacável, ela é impraticável e impossível. Não se trata apenas de uma das tantas imposições que revelam e forçam nossa percepção de tempo: é também uma maneira de desprezá-lo, de apagar suas insuficiências e fragilidades, de negar seu caráter desfocado e sua natureza finita; anula, de uma vez, tudo aquilo que deu passagem às formas de vida cultural ao longo dos séculos, a alternância entre trabalho e ócio, ou, se preferir, a alternância entre a vigília e o sono.

Essa temporalidade também não pode ser compreendida, sob a análise comum e já tipificada do capitalismo, enquanto mudança ou simulacro de mudança a partir de permanentes processos de novidade, isto é, da inovação infinita do novo. Há mais alguma coisa nela, ainda, que muta e transforma profundamente as relações de controle e de poder sobre os indivíduos.

Mas parece que a desaceleração não é mais suficiente. Certa lentidão complacente tampouco seria a resposta. Também não seria a rejeição à pressa em termos de confrontação ou oposição militante de outro tempo de pressa. Porque a desaceleração é uma utopia vazia, cansada e exausta, um limite que tem a ver mais com os ciclos de vida do que com os avatares conjunturais do mundo. A lentidão outorga-se a si própria um ritmo menor, porém sempre em direção ao interior da mesma trajetória, seguindo idêntico caminho; porque responder com pressa é uma vociferação midiática que não faz mais do que duplicar o abismo.

A única rebelião que tornaria possível sair da aceleração seria talvez sair do tempo, do tempo utilitário, sair da agonia impraticável da autorrealização para criar, desse modo, infinitos instantes de outro tempo, um tempo aparentemente inútil, sem proveito, um tempo sem motivo, para nada, um tempo detido, sem a aparência nem a apetência pelas novidades; uma filosofia do instante como essa rebelião prática a que Luciano Concheiro faz referência:

> Para safar-se da velocidade é necessário se aventurar a enfrentar o próprio tempo: deter seu curso. Isso só pode ser conseguido através do instante, em uma experiência que consiste na suspensão do fluxo temporal. O instante é um não-tempo: um pestanejo durante o qual sentimos que os minutos e as horas não passam. É um tempo fora do tempo (CONCHEIRO, 2016, p. 14).

Para estudar, pois, para um *Elogio do estudo*, portanto, seria necessário sair do tempo levando em conta essas lembranças iniciais, levando em consideração as palavras de Jorge Larrosa, que, em *Estudar/Estudiar* (2003, p. 55-57), escreveu: "O estudo só pode surgir no lugar em que as respostas não saturam as perguntas, mas no lugar em que elas próprias são perguntas. Ali onde as palavras não cobrem o silêncio, mas são, elas próprias, silêncio".

Referências

CONCHEIRO, L. *Contra el tiempo*. Filosofía práctica del instante. Barcelona: Anagrama, 2016.

CRARY, J. *24/7*. Barcelona: Ariel, 2015.

LAFARGUE, P. *El derecho a la pereza*. Madri: Maia, 2011.

LARROSA, J. *Estudar/Estudiar*. Belo Horizonte: Autêntica, 2003.

PARDO, J. L. *La regla del juego*: Sobre la dificultad de aprender filosofía. Barcelona: Galaxia Gutenberg, 2004.

RANCIÈRE, J. *En los bordes de lo político*. Buenos Aires: La Cebra, 2007.

SKLIAR, C. *Como un tren sobre el abismo*: O contra toda esta prisa. Madri: Vaso Roto, 2019.

Meditação sobre a vida estudiosa

Fernando Bárcena

*Apenas na independência das coisas, assim como
no silêncio das paixões, é possível estudar.*
Senancour (2010, p. 90)

A consumação da leitura, dizia Hugo de São Vítor em
seu *Didascalicon de studio legendi* – traduzido normalmente
como *Didascalicon sobre a arte de ler* – é a *meditatio*. A leitura –
assim falava para os monges que instruía – envolve o corpo
todo e é uma forma de vida. Na meditação – que não era,
naquele mundo monacal, um reles exercício intelectual –, o
texto lido é degustado, saboreado e tornado pessoal. Hugo
de São Vítor recorre à tradição grega e cita explicitamente
o "conhece a ti mesmo" (*gnothi seauton*), que percorrerá toda
a tradição antiga. No seio dessa tradição, ler consistia num
autêntico trabalho do espírito em que o leitor se liberta das
preocupações cotidianas e se recolhe em si mesmo – lendo
tão deliberadamente quanto o livro foi composto – para
meditar com serenidade, permitindo que os textos falem
por e desde eles mesmos. Hugo pede ao leitor, conforme
escreveu posteriormente Ivan Illich em *Im Weinberg des
Textes* [No vinhedo do texto], seu comentário do livro do
monge agostiniano do século XII, é "que se exponha à luz

que emana da página [...] de modo que possa identificar a si mesmo, reconhecer seu eu" (ILLICH, 2002, p. 33).

O texto que o leitor tem em mãos é, de algum modo, também o resultado de uma pessoal e íntima degustação, prolongada no tempo, de algumas obras filosóficas e literárias a respeito da vida estudiosa. Pretendo nele oferecer uma meditação sobre o estudo considerado enquanto forma de vida. Falarei do estudo (*studium*) como algo que se faz e como um lugar (um espaço, a sala ou gabinete de estudo) onde se faz esse algo.

Os estudiosos podem ser assim chamados tanto no âmbito das "letras" como no das "ciências" (inclusive, a antiga República das Letras remetia a ambas). Leitores vorazes e humanistas, tanto quanto científicos em seus laboratórios, ou naturalistas; pintores e escultores; músicos, romancistas ou poetas, artistas, enfim, todos eles *podem ser*, no sentido que desejo considerar aqui, estudiosos, por causa do particular estado de espírito que atravessa todos eles. Mas, no que diz respeito a minhas considerações neste texto, sempre que falar do estudo, do estudioso, ou quando me referir à vida estudiosa, levarei em conta aquele professor que busca transmitir na sala de aula o que ele ou ela obteve através de sua prática e de uma forma de vida estudiosa: alguém que lê e faz anotações em cadernos, e que dedica tempo à *vita contemplativa*. E quero defender deliberadamente essa expressão nesses tempos pouco favoráveis à contemplação.

O modo em que abordarei essa vida estudiosa deve muito à antiga tradição greco-latina, que entendia a atividade filosófica como um "exercício espiritual", como uma "arte de viver" (HADOT, 2001, 2006; FOUCAULT, 2001, 2008, 2009, 2014; GREISH, 2005; NEHAMAS, 2005; PAVIE, 2012; CORTÉS, 2004), ou como um "cuidado de si". Em seu curso no Collège de France *A hermenêutica do sujeito*,

Foucault dizia que se a filosofia é a forma de pensamento que se interroga a respeito daquilo que permite ao sujeito ter acesso à verdade, a "espiritualidade" seria então "a procura, a prática, a experiência pelas quais o sujeito desenvolve em si próprio as transformações necessárias para ter acesso à verdade" (FOUCAULT, 2001, p. 16). Na vida estudiosa, transformações também operam no sujeito enquanto estuda. A tradição antiga, que enfatizou a importância desse "cuidado de si" (*epimeleia heautou*) frente ao "conhecimento de si" (*gnothi seauton*) – na preeminência, finalmente esquecida pela modernidade, do "momento socrático" (que acentua a transformação de si mesmo) frente ao "momento cartesiano" (que coloca a ênfase no conhecimento) –, sugere que aquilo que os gregos denominavam "espiritualidade", nas palavras de Foucault: "[P]ostula que a verdade não é dada ao sujeito enquanto reles ato de conhecimento [...] Postula que é preciso que o sujeito se modifique, se transforme, se desloque, se torne, em certa medida e até certo ponto, distinto de si próprio para ter direito de acesso à verdade" (FOUCAULT, 2001, p. 17). Em relação à expressão *forma de vida*, Giorgio Agamben diz que "uma vida que não pode ser separada de sua forma é uma vida para a qual, em seu modo de viver, está em questão o viver em si mesmo" (AGAMBEN, 2017, p. 233). Se aplicada essa fórmula à questão do estudo, podemos dizer que o estudioso, em seu entusiasmo, faz de sua atividade (estudar) um estilo de vida que conforma sua inteira subjetividade de estudioso.

Entendido como algo que se faz, como atividade, o estudo poderia ser pensado enquanto uma espécie de "prática", um pouco no sentido em que o conceito foi considerado por Alasdair MacIntyre em *Depois da virtude*, isto é, uma noção que "compreende as investigações da física, a química e a biologia, o trabalho do historiador, a pintura e a música"

(MACINTYRE, 1987, p. 236). Nesses e em outros campos, seus "exercitantes" – e faço uso desta palavra com plena intenção – dedicam-se completamente a suas atividades com uma espécie de ânimo estudioso. Embora cada uma dessas práticas esteja abrigada por instituições maiores que perseguem seus próprios fins (exemplaridade social, prestígio, poder, dinheiro), tais fins não têm por que coincidir com os fins ou bens das práticas que elas abrigam, e que são próprios das atividades realizadas. É participando de determinada maneira nessas atividades que os exercitantes conquistam o bem de certo tipo de vida: "Essa vida pode que não constitua toda a vida para o pintor que é pintor há muito tempo, ou pode sê-lo apenas durante um período, absorvendo-o como a Gauguin, à custa de quase tudo mais" (MACINTYRE, 1987, p. 236). Mas a questão é, como nesse caso – em que o pintor vive como pintor –, que o estudioso, ao exercitar sua atividade de determinada forma, vive sua vida enquanto estudioso (às vezes também à custa de tudo mais), e tendo que se manter, através de determinados gestos, em um longo cansaço, conforme veremos depois.

Pois bem, estamos tão acostumados a pensar no fazer humano "prático" enquanto manifestação de uma vontade de produzir efeitos concretos que acabamos esquecendo distinções mais precisas e talvez interessantes que os gregos deixaram como legado. Interessa-me aqui rememorar, para pensar o estudo enquanto atividade, a antiga noção de *poiesis*, que tem em seu cerne "a produção em direção à presença" (AGAMBEN, 1998, p. 116). Diferentemente do trabalho, cujo pressuposto é a existência biológica nua, o processo cíclico do corpo humano cujas energias dependem dos produtos elementares do trabalho, segundo Arendt (2005), a experiência da *poiesis* constrói o espaço da certeza e garante tanto a liberdade quanto a duração da ação. Nesse sentido, o estudo tem a ver com a ideia da durabilidade do mundo e com a presença do sujeito estudioso nele, em sua absoluta singularidade e intimidade.

Os estudiosos

Recolhe-te em ti mesmo tanto quanto puderes;
relaciona-te com quem te fizer melhor;
recebe aqueles que tu puderes fazer melhores.
Essas coisas são feitas dando e recebendo, e nós,
enquanto aprendemos, ensinamos.
Séneca (2018, VII-8-9)

É de meu interesse destacar o aspecto íntimo da vida estudiosa. *Íntimo* (do latim *intimus*) é aquilo que é "muito" ou "mais interior". François Jullien indica que o íntimo consiste em uma experiência que nos *recolhe* dos outros e nos coloca em estreita relação conosco. Na experiência do íntimo, quebram-se as relações tradicionais de *dentro* e *fora* e o sujeito se desloca para um retiro livre dos olhares dos outros. Intimar com alguém, ou com algo, seria abrir um espaço mais profundo dentro de si que permite a entrada desse alguém ou desse algo: "Não é virtude nem qualidade, não tem determinação nem objetivo, em suma, [...] não tem fim" (JULLIEN, 2016, p. 26). Falar de intimidade, portanto, não é falar de assuntos meramente privados, mas de intensidades. Não há dúvida de que é possível viver sem intimidade, mas isso ocorre certamente porque "a intimidade é apenas necessária para curtir a vida" (PARDO, 1996, p. 30). A intimidade, pois, não é simplesmente uma soma de preferências particulares, "mas sua forma, ou seja, sua condição de possibilidade" (PARDO, 1996, p. 42).

Uma figura, ou expressão, daquilo que estou tentando dizer a respeito dessa intimidade estudiosa, mas que adota

COLEÇÃO "EDUCAÇÃO: EXPERIÊNCIA E SENTIDO"

um gesto de resistência frente a um entorno hostil, pode ser identificada em Penélope, conforme relata Homero: "De dia tecia a grande teia no tear, e de noite a desmanchava sob a luz das tochas" (HOMERO, 2004, II, p. 105-107).

Penélope aguarda o regresso de Ulisses e essa espera é deveras dolorosa. Ela dorme constantemente; dessa feita, o tempo corre mais rápido. É visitada por grandes premonições que anunciam a salvação de Telêmaco e o regresso de Ulisses. Telêmaco, sem pai, vai à sua procura, para que a ordem e a lei voltem para a casa, infestada de pretendentes de Penélope, que ameaçam destruir tudo. Quando Ulisses regressar, o castigo que receberão será terrível.

É assim que Penélope vive: "Cercada, mais do que qualquer outra personagem da *Odisseia*, por sombras, por doçura, pela tranquilidade e a incerteza do inconsciente" (CITATI, 2008, p. 255). Entrementes, tece e desmancha uma comprida teia para seu sogro Laertes, uma obra-prima de enganação e artesanato. Nessa espera, tecer e desmanchar faz com que o tempo da espera doa menos. Aprisionada em Ítaca, Penélope tece e desmancha: esses são seus gestos, seu empenho e seu trabalho. A rainha de Ítaca faz o possível por manter cada coisa em seu lugar. Insiste (em sua tecida) e resiste (em seu empenho, em seu trabalho). Repete os mesmos gestos uma e outra vez. Sua insistência é admirável. Não esquece (Ulisses) e não quer esquecer. Conserva sua memória. Através desse gesto, Penélope resiste a feia pressão de tudo que vem de fora. Precisa resistir porque ama Ulisses, e ama-o porque lembra dele e lembra dele porque o ama; é amando que lembra e é lembrando que ama. Penélope, entristecida pela ausência de Ulisses, sofre e chora porque sem ele se sente incompleta. Nada pode encher essa terrível ausência do amado. Ela se sentir incompleta torna sua existência uma errata de sua própria história, um vazio.

MEDITAÇÃO SOBRE A VIDA ESTUDIOSA

O trabalho de Penélope é uma boa metáfora para se pensar o que significa dedicar-se a uma vida estudiosa, em que se faz e desfaz constantemente a mesma coisa ao pensar, ao ler e ao escrever, assim como em toda arte (música, pintura, escultura). Foi assim empregada, por exemplo, para conceber a natureza do pensamento, pois pensar é fazer e desfazer constantemente, insistir uma e outra vez naquilo que já foi pensado, e com os mesmos gestos. Pensar, segundo Arendt, é "igual ao trabalho de Penélope, que toda manhã desmanchava o que tinha tecido na noite anterior" (ARENDT, 2002, p. 110). O poeta Paul Valéry, citado por Arendt em seu livro, também escreveu em um de seus cadernos: "Meu trabalho é o de Penélope, o trabalho nestes cadernos, pois trata de sair da linguagem corriqueira e cair novamente nela, de sair da linguagem – de modo geral –, isto é, do caminho, e de voltar a ele" (VALÉRY, 2007, p. 9).

Para Penélope, esse tecer e desmanchar é uma estratégia, uma astúcia à altura do amor que sente pelo audaz Ulisses. O estudioso também constantemente faz e desfaz (no pensamento, na leitura, na escrita), e parece que está sempre começando. Se o estudioso transmitir depois para seus perplexos estudantes aquilo que ele esteve fazendo em sua sala de estudo, com toda probabilidade vai perceber que tem que recomeçar tudo de novo. Dito dessa forma, parece um trabalho absurdo, um castigo; semelhante ao de Sísifo, condenado a empurrar eternamente uma rocha até a cimeira de uma montanha, onde a pedra começará a rodar novamente, caindo por seu próprio peso: "Seu trabalho é igual ao de Sísifo, sempre recomeçando", disse William Marx (2009, p. 13). A imagem que acabo de oferecer contrasta com o mundo de nossos ambientes sociais e educativos imediatos. O estudo perdeu sua importância de outrora. O estudioso é uma figura na contramão. É possível vê-lo entregue de corpo e alma a uma interminável e fadigosa atividade cujo final não é possível enxergar, e que é completamente improdutiva. Enquanto faz o que faz, em seu isolamento e solidão, como Sísifo carregando sua rocha, é dono de seus dias. É um herói absurdo, certamente.

Com o apogeu das novas mídias digitais, o estudo, enquanto atividade árdua, tem perdido seu mistério e sua "aura". O estudo (atividade), associado ao espaço em que se estuda, não parece mais ter relevância enquanto forma de vida universitária compartilhada por estudantes e professores. Esse espaço fixo, sempre o mesmo, não existe, ou não parece mais ser necessário. Perdemos a prática de ler com atenção, de sublinhar os livros, dos cadernos de anotações e das leituras e escritas repetidas. O espaço físico do estudo perdeu sua preeminência para as práticas e exercícios que acompanham os trabalhos do espírito: "O atual produtor de textos em uma tela deixou para trás a noção de um espaço físico, para instalar-se concentradamente no domínio do virtual" (FLOR; ESCANDELL, 2014, p. 15). O seguinte fragmento de *Confissões de um pequeno filósofo*, de Azorín, sem dúvida há de nos resultar estranho nos dias de hoje:

> Leitor: rascunho estas páginas na pequena biblioteca de Collado de Salinas. Quero evocar minha vida. É meia-noite; [...] estou sentado à minha mesa; sobre ela tem um velão com uma redonda cúpula verde que desenha um círculo luminoso sobre o tabuleiro e deixa em suave penumbra o resto da sala. Os volumes repousam em seus armários; na escuridão mal se destacam os brancos rótulos de cada estante – Cervantes, Garcilaso, Gracián, Montaigne, Leopardi; Mariana, Vives, Taine, La Fontaine –, no intuito de que me resulte mais fácil lembrar e pedir, quando ausente, um livro. Eu quero evocar minha vida; nesta solidão, entre estes

volumes, que tantas coisas já me revelaram, nestas noites aprazíveis, solenes, de verão (AZORÍN, 2007, p. 52-53).

Há outras duas representações do estudo que me interessa relembrar agora. A primeira é de 1593 e pertence à *Iconologia*, de Cesare Ripa:

> Jovem de rosto pálido trajado com modesta vestimenta. Estará sentado segurando um livro aberto com a mão esquerda, olhando para ele atentamente, enquanto com a direita segura uma pena em atitude de escrever. De seu lado, há de ser colocado um galo e uma luz acesa. Há de ser pintado jovem porque nessa idade se é costumeiramente mais apto e resistente às fadigas do estudo. Aparece pálido porque os estudos costumam extenuar e esgotar o corpo [...]. Veste roupas modestas, porque os estudiosos costumam prestar atenção exclusivamente às coisas moderadas e simples. E há de ser pintado sentado, mostrando a quietude e assiduidade requeridas pelo estudo. A atenção fixa e debruçada sobre o livro aberto mostra que o estudo consiste na veemente aplicação do ânimo ao conhecimento das coisas. A pena que segura significa a operação e a intenção que é manifestada, quando se escreve, de deixar memória de si mesmo. A luz que mantém acesa mostra que os estudos consomem mais azeite que vinho, e quanto ao galo, muitos o colocam por ser solícito e vigilante, atributos convenientes e necessários quando a questão é estudar (RIPA, 1996, p. 386-387).

A segunda é de Comenius e aparece em *Orbis sensualium pictus*: "O estudo é o lugar em que o estudioso, separado dos outros, senta em solidão, entregue à sua afeição enquanto lê livros que abre sobre um atril próximo dele, dos quais vai anotando as melhores partes em seu caderno ou nos quais faz anotações ou marca suas margens com um asterisco"

(COMENIUS, 2018, p. 2015). Afastar-se do mundo, a leitura e os livros, o caderno e as anotações são elementos que se mantêm na descrição de uma obra do ano 1658. A palidez do estudante e a simplicidade de sua vestimenta – símbolo de sua distância das coisas mundanas –, seu cansaço por ter estudado muito, são manifestações, também, de certo ânimo melancólico e do esforço incessante.

Quando foi publicado o segundo volume da *História da sexualidade* ("O uso dos prazeres") de Michel Foucault, aqueles que leram o livro se encontraram com uma epígrafe em sua *Introdução* intitulada "Modificações", na qual Foucault dá conta das mudanças que serão encontradas em relação ao primeiro volume ("A vontade de saber") e a razão de ser das mesmas. Em um dado momento, afirma:

> Quanto àqueles para quem se esforçar e trabalhar, começar e recomeçar, fazer tentativas, errar, retomando tudo novamente de cima abaixo e encontrar o meio ainda de duvidar a cada passo, quanto àqueles para quem trabalhar em silêncio e tensão equivale a demissão, eles e eu claramente não estamos no mesmo planeta (FOUCAULT, 2015, p. 743).

Paciência, certa modéstia, atenção, repetição, exercício, insistência. Se podemos atribuir ao estudioso esse tipo de qualidade, esses gestos de volta constante ao início, essa constância em refazer tudo, então, certamente o estudioso é um dos seres mais estranhos dos tempos atuais, em que tudo vai rápido demais e não tem demora. Foucault faz referência também às dificuldades e aos perigos de sua empreitada, e ao apontar para o fato de ter que encarar documentos mal conhecidos por ele, comenta, em uma nota de rodapé:

> Não sou helenista nem latinista. Mas me pareceu que, com a condição de dedicar-se ao trabalho com paciência,

MEDITAÇÃO SOBRE A VIDA ESTUDIOSA

modéstia e atenção, seria possível adquirir perante os textos da Antiguidade grega e romana uma familiaridade suficiente; refiro-me a uma familiaridade que permitisse, segundo uma prática sem dúvida constitutiva da filosofia ocidental, ao mesmo tempo interrogar a diferença que nos mantém a distância de um pensamento no qual reconhecemos a origem do nosso e a proximidade que permanece apesar desse afastamento que nós aprofundamos incessantemente (FOUCAULT, 2015, p. 743).

É particularmente esse gesto que desejo apontar como característico de uma vida estudiosa. Trata-se de uma potência (para ler e escrever, buscar e rebuscar) não totalmente atualizada. Um exemplo disso é também Agamben – trata-se de outra figura do tipo estudioso que quero considerar nestas páginas –, cuja obra gira em torno dessa ideia de potência, de meditação, que se realiza em sua própria obra, em torno da potência entendida como o poder de fazer e de não fazer (LEWIS, 2003). Ao se referir à atividade do filósofo, Agamben sugere que sempre se arrisca a uma "mutação antropológica [...] não menos decisiva do que foi para o primata a liberação da mão na posição ereta ou para o réptil a transformação das extremidades dianteiras a partir da qual se tornou pássaro" (AGAMBEN, 2008, p. 119). Assim, entendido enquanto procura amorosa do saber (é nela mesmo que o estudioso se encontra), o risco filosófico consiste em que "*dá uma forma nova* ao ser que se submete a seu regime: tem, portanto, a estrutura de dar uma caminhada, já que gera efeitos profundos em quem filosofa. Dar forma, nesse sentido, é sempre deformar" (D'HOEST, 2015, p. 57). Definitivamente, o estudioso, em vez de fazer de conta, simplesmente é: alguém é estudioso como alguém é sapateiro, ou marceneiro ou médico: ele ou ela se confundem com aquilo que fazem. É algo muito parecido ao que Maquiavel conta em uma carta (de 10 de dezembro de 1513) direcionada a seu amigo Francesco Vettori. Descreve a ele seu dia e, em certo momento, diz:

> Chegando à noite, vou embora para casa e entro em meu escritório; na soleira tiro a roupa do dia a dia, cheia de lama e barro, e coloco vestes reais e curiais. Vestido decentemente entro nas antigas cortes dos antigos homens, onde – recebido por eles amigavelmente – me nutro com aquele alimento que é só (*solum*) meu e para o qual nasci: não me acanho de falar com eles e perguntarlhes pela razão de suas ações, e eles com sua humanidade me respondem; durante quatro horas não sinto pesar algum, esqueço-me de toda preocupação, não temo a pobreza, não tenho medo da morte: *transfiro-me inteiramente a eles* (Maquiavel, 2009, p. 396, grifo nosso).

Pois bem, quando digo "vida estudiosa" faço referência a um particular modo de vida, a uma "forma de vida" o à "forma" que um tipo concreto de vida adota. Ao viver, não apenas estudamos, com certeza. Ortega Y Gasset (1974, p. 21) já disse, na primeira lição do curso *Lições de metafísica*, que somos "estudantes" assim como podemos ser muitas outras coisas, mas, se somos estudantes, a maior parte das vezes não é por uma necessidade sentida realmente – autêntica, interna–, mas sim por uma necessidade externa. Ortega, contudo, supõe a possibilidade de um mister que emerge da curiosidade intrínseca, e que se debruça no cuidado, na "preocupação". A despeito disso, Ortega, enfim, não decreta que não se estude: "Estudar e ser estudante é sempre, e principalmente hoje, uma necessidade inexorável do homem". E isso porque "se uma geração deixasse de estudar, a humanidade atual, em suas nove décimas partes, morreria de forma fulminante" (Ortega Y Gasset, 1974, p. 25).

O ser humano se realiza, ou pode se realizar, como músico, como artista, como leitor, como escritor. Há uma condição humana leitora e escritora, e há também uma condição humana estudiosa, a qual é descoberta pelo ser individual como algo que nasce (e é com frequência revelado) por vocação. Montaigne se constitui em seus ensaios; Proust em seu romance; o estudioso em suas leituras e na escrita de suas anotações. Alguns interrogantes que podemos formular, a modo de reles orientação, seriam os seguintes: em que consiste uma vida estudiosa, uma vida dedicada a estudar? Quais são os ritos do estudo, seus ritmos, seus modos, suas maneiras e seus hábitos? Como é a sala de estudo do estudioso? Como organiza seu tempo e seus horários? Como são as noites dos estudiosos e como são suas jornadas?

Essas perguntas remetem a um mundo já inexistente. Mas nos permitem a crítica de um modo de vida – da vida do estudioso – que talvez ignore seus próprios privilégios. Segundo Erwin Panofsky (2007), por exemplo, Pierre Bourdieu questionou o *moralismo* da razão escolástica, conforme ele a denominava, a qual vincula com a burguesia e sua forma de vida carente de preocupações materiais. Sua crítica vem associada à rejeição do intelectualismo, às pretensões de uma razão soberana e à suposta liberdade do criador. Em suas *Méditations pascaliennes*, Bourdieu exibe uma atitude muito distante do perfil do produtor de conhecimento tradicional, conforme ele o denomina, recluso em sua "torre de marfim" (BOURDIEU, 2003, p. 23) e alheio às condições sociais que lhe proporcionam os privilégios necessários para pôr sua atividade em prática. Em suma, Bourdieu trata de desconstruir de alguma forma esse olhar indiferente a contextos e fins práticos dos exercitantes no tempo livre ou ócio estudioso próprio da *scholè*, cuja forma institucionalizada seria a "escola".

Não só estudamos; fazemos outras coisas e, entretanto, a vida estudiosa faz com que, em alguns indivíduos, suas vidas adotem certa *intensidade*, certa *intimidade*, outro estado de espírito. Um estilo, uma série de hábitos, um *ethos*. Há aqui um gesto inicial de renúncia ao mundo. Decisões são tomadas: o que fazer, como fazer, que tipo de relações sociais serão ou não aceitas enquanto o estudioso se entrega à sua tarefa, pois elas podem ser fonte de uma extrema distração. O estudioso, então, estabelece consigo uma especial relação de intimidade de acordo com aquilo que faz e a seus próprios rituais e jeitos de estudioso.

Do ócio do estudo

> *No conceito arquitetônico de estudo, tem se consolidado uma íntima associação entre a noção de ócio e a atividade de estudar. O estudo, principalmente para os solteiros, tornou-se uma sorte de equivalente do boudoir.*
>
> Walter Benjamin (2005, p. 801)

A emergência de indivíduos dedicados por inteiro a trabalhos do espírito pareceu se fortalecer enquanto existiam espaços e tempos especificamente destinados às artes de ler e escrever (também de pensar ou da *meditatio*). Haveria que se pensar se até mesmo a Academia de Platão não nasceu particularmente como consequência da necessidade de os filósofos serem preservados para poderem se dedicar livre e irrestritamente a sua empreitada estudiosa sem que ninguém lhes incomodasse fazendo chacota deles. No interior dessa comunidade de iguais, o filósofo sentia que tinha pátria e público.

O estudioso faz parte dessa confraria de letrados e humanistas missionários que se lançam à procura e à cópia

MEDITAÇÃO SOBRE A VIDA ESTUDIOSA

de manuscritos de obras antigas praticamente ignoradas e esquecidas: "Quando estou na solidão de meu gabinete – afirmava Guy Patin, médico e homem de letras francês, professor do Collège de France desde 1655 –, entrego-me à companhia dos mortos, ouço meus livros" (citado por FUMAROLI, 2013, p. 55). O belo livro de Stephen Greenblatt, *O giro* (2017), ilustra muito bem a natureza missionária e audaz desses humanistas que, como Poggio Bracciolini (buscador de livros), iam à caça e recuperação do legado do mundo antigo, sentando assim as bases daquilo que viria a ser denominado posteriormente o "estudo das humanidades". A confraria dos letrados pratica a "espiritualidade da biblioteca", conforme a denomina Fumaroli:

> A biblioteca-capela-relicário onde, à vontade, a voz dos "autores sagrados" da Antiguidade pode ser invocada e evocada por seu douto devoto, que tem a vocação de se tornar o templo de uma ceia entre letrados, que anula o tempo, que torna seu diálogo uma evocação dos mestres antigos de volta à presença, e que submerge os interlocutores em uma felicidade (*voluptas, delectatio*) superior a todas as ditas terrenais (FUMAROLI, 2013, p. 58).

Com a consolidação e extensão da Academia na Europa, pareceu ir se firmando um sentido de "escola" entendida como espaço destinado a abrigar os mestres (sábios, eruditos, letrados, estudiosos) em seus exercícios espirituais de leitura e escrita, e cuja missão consistia em iniciar os discípulos em um diálogo afável e cortês; nas palavras de William Marx: "O princípio fundador de toda Academia é a disputa cortês" (MARX, 2009, p. 142). A figura do estudioso emerge de uma tradição que pratica a conversação, o diálogo, a escrita e a leitura; é um ser que vive na companhia cordial de seus discípulos, com os quais estabelece uma comunidade de afetos e uma espécie de civilidade amparada no cuidado mútuo e na proteção. Seres, portanto, que "não pertencem à ordem das coisas" (MARX, 2009, p. 11).

Disse Roland Barthes, em seu seminário *A preparação do romance*, que nunca ficava entediado quando as pessoas falavam "dos problemas de seu ofício *sejam eles quais forem*. Infelizmente, na maior parte do tempo se sentem obrigadas a se limitar a uma *conversa geral*" (BARTHES, 2005, p. 58). Em seu seminário, Barthes fala do ofício ao qual desejaria poder se dedicar (escrever um romance) e, sem sombra de dúvida, não fala de modo geral. Acontece que não basta falar de algumas coisas "no geral". Uma vida dedicada ao estudo é uma dessas coisas.

Em algum momento da minha vida, também comecei a sentir prazer no estudo. Acredito que foi no momento em que desvinculei o estudo de qualquer tipo de resultado prático ou imediatamente útil. Para mim era uma felicidade difícil de explicar tanto ler como escrever em meus cadernos de anotações, pois, para mim, estudar incluía esses dois objetos: livros e cadernos. Sendo já professor de faculdade, a preparação dos materiais que desejava levar para as minhas aulas respondia a um ritual estritamente pessoal, e muitas vezes cheio de manias. Tinha que escolher com esmero os livros e cadernos – pois sempre escrevi em cadernos as anotações das aulas – que queria levar comigo. Nunca teorizei sobre esses gestos, tampouco sobre aquilo que vinha fazendo e estava amando tanto: estudar. Mas o tempo foi passando e foram se acumulando os anos de leituras e de ensino universitário. Certo dia tive a revelação de que aquilo que eu queria fazer, além de estudar e escrever os ensaios que finalmente tinha conseguido publicar, era outra coisa. Queria escrever um romance, mas simplesmente me via incapaz de dar início à tarefa. E igual ao narrador proustiano, eu também duvidava de meu talento literário. Para tratar de compreender a mim mesmo, comecei a ler a grande obra de Proust e encontrei nela, ao final de seu percurso, um gesto que chamou minha atenção de forma surpreendente, um gesto que, pouco depois, tive a intuição de que era exatamente o mesmo que define o que seja uma vida estudiosa. Isso me acalmou. Decerto não escreveria esse romance, mas em troca disso pude me consolar escrevendo estas linhas sobre a vida estudiosa (que talvez sejam meu próprio romance camuflado: o que o leitor está a ler é apenas uma parte de algo que me deixa ainda ensimesmado e exilado). Foi no último volume de *Em busca do tempo perdido* em que li sobre esse gesto ao qual me refiro:

> Aquilo que eu devia escrever era outra coisa, mais longa e para mais de uma pessoa: longa de se escrever. De dia, o máximo que poderia tentar seria dormir. Se trabalhasse, seria apenas de noite, mas precisaria de muitas noites, talvez cem, talvez mil, e viveria com a ansiedade de não saber se o dono de meu destino, menos indulgente que o sultão Sheriar, de manhã, quando interrompesse meu relato, teria por bem adiar a condena de minha morte e me permitiria prosseguir a noite posterior (PROUST, 1989, IV, p. 620).

O tempo do estudo é um tempo livre. A diferença entre tempo livre e tempo escravo encontra-se no diálogo *Teeteto*, de Platão, em que ele consagra filosoficamente a *scholè*. Em um momento específico, quando a conversa parece ter se desviado de seu rumo inicial, Sócrates adverte seu interlocutor Teodoro de que é melhor não seguir essa via que foi aberta para eles pois poderia levá-los muito longe. Nesse momento, Teodoro, alarmado, pergunta: "Será, então, que não temos tempo livre, Sócrates?". Essa pergunta obriga o mestre a fazer referência ao tempo escravo daqueles que transitam por tribunais e lugares semelhantes, "que parecem ter sido educados como criados, se forem comparados com homens livres, educados na filosofia e nesse tipo de preocupação" (PLATÃO, 1999, 172d). Esses homens usufruem seu tempo livre, e seus discursos são compostos de paz e um tempo definido pelo ócio: em nada lhes preocupa a extensão de seus raciocínios, apenas alcançar a verdade. Os outros, porém, são escravos de um tempo mensurado: não podem falar do que querem porque estão sob pressão. Precisam alcançar determinados resultados, e por isso, com frequência, buscam seus atalhos, "tornam-se violentos e sagazes, e sabem como bajular seu senhor com palavras e seduzi-lo com obras. Mas, em troca, tornam mesquinhas suas almas e perdem toda retidão. A escravidão que sofreram quando jovens roubou deles a grandeza da alma, assim como a honestidade e a liberdade" (PLATÃO, 1999, 173a). Esses jovens, afirma Sócrates, "chegam à maturidade sem nada saudável no pensamento" (PLATÃO, 1999, 173b). Poderíamos dizer então que sob a modalidade de um tempo escravo e mensurado o indivíduo carece de "caráter" (pois não teve tempo suficiente para formá-lo devidamente, inclusive talvez já esteja corrompido), e por isso precisa que indiquem para ele um *método* de antemão; já no tempo dos homens livres simplesmente não é preciso prescrever de antemão método algum, pelo simples motivo de que ali sempre, e sem saber como, já se está *a caminho*, mesmo que a pessoa se perca com frequência em seu percurso. O tempo do filósofo – que é aquele que segue uma forma de vida orientada por uma sorte de *amor* –, é aquele que dedica um tempo longo ao mesmo assunto, aquele que sabe esperar e não passa rapidamente de uma atividade para outra.

Pois bem, esse tempo é "livre" porque esses indivíduos pertencem a um grupo até certo ponto "privilegiado", a

MEDITAÇÃO SOBRE A VIDA ESTUDIOSA

um tipo de aristocracia filosófica que se arroga o poder de se dedicar aos trabalhos do espírito por não ter que preocupar-se com outras necessidades vitais através do trabalho ou a labuta (é isso que deixa Bourdieu, conforme foi visto anteriormente, irritado). Como o tempo é de *ócio*, na verdade parece que o que eles fazem é parecido com uma festa (ou um jogo, inclusive, embora muito "sério"), algo que tem a ver com o relaxamento e a falta de esforço (dessa classe de esforço dedicado a trabalhar ou labutar). *No mundo totalitário do trabalho* (da produção), não há lugar para o relaxamento, para nenhum tipo de festa ou jogo, para nenhum espaço inutilizado ou inutilizável: no trabalho, a festa é uma espécie de falso ócio, pois o relaxamento que é oferecido nele está destinado a recuperar a força para continuar trabalhando com afinco no outro dia. Dedicar-se, consequentemente, a uma atividade estudiosa, carrega o estranho caráter "do reles luxo intelectual, inclusive de algo verdadeiramente intolerável e injustificável" (PIEPER, 2017, p. 71). O que o estudioso faz não é um trabalho, e sua atividade parece interminável. Dedicar-nos a uma vida estudiosa não nos torna merecedores do qualificativo de "ociosos diletantes"? Poderíamos nos preguntar, então, se em um contexto onde tudo está organizado ao redor do mundo totalitário do trabalho é possível oferecer ao sujeito um âmbito de atuação que não seja mais exclusivamente "trabalho" e sim "ócio" (para ser exercido no tempo dos homens livres). O interessante do assunto consiste em dispor dele como ócio.

Trancados com seus trabalhos do espírito em suas salas de estudo, os estudiosos se empenham na sua tarefa, da qual não podem se desligar facilmente, porque estão inteiramente seduzidos pelo que fazem. Parecem seres completamente privilegiados, pois têm ao seu dispor tempo

COLEÇÃO "EDUCAÇÃO: EXPERIÊNCIA E SENTIDO"

livre suficiente para a contemplação, em vez de para a ação e a transformação da realidade. Talvez tenham abdicado de seu compromisso político com o mundo. Frequentemente era isso mesmo que se falava a respeito dessa espécie formada pelos chamados "intelectuais" (não há de se confundir, contudo, o estudioso com o intelectual). Trata-se de um tema apaixonante que não poderei tratar aqui devidamente. Então me limitarei a dizer, com Michel Winock, que "maior, mais profundo, mais duradouro que os gritos dos panfletários e os manifestos é o trabalho cotidiano dos intelectuais anônimos (principalmente enquanto educadores), que me parece que deveria ser reconhecido como o verdadeiro contrapoder, ao mesmo tempo crítico e orgânico, no seio da sociedade democrática. A consciência cívica, a negativa a acreditar que se é, enquanto pessoa ou grupo, de outro material, a cooperação ativa em querer viver juntos, em resumo, as bases éticas de nossa sociedade imperfeita porém perfectível não são monopólio de alguns, mas assunto de todos" (WINOCK, 1999, p. 773).

É muito fácil que o estudioso fique tão ensimesmado em seu afazer que, pretendendo compreender o mundo através de sua matéria de estudo, acabe se afastando inteiramente dele. O amor pelo saber e a paixão pelas ideias – *amor intellectualis* – é fonte de vitalidade e, em meio a uma guerra devastadora – como foi a Segunda Guerra Mundial –, por vezes forneceu calor a alguns, consolo e refúgio. A enigmática voz do narrador de *Um amor clandestino* (2006), romance de Gilles Rozier, relata, na França ocupada, que a única coisa, em meio a todo esse horror, que continua mantendo o personagem anônimo mais ou menos vivo é o gabinete literário que arrumou no porão de sua casa, com obras de Lessing, Goethe, Schiller, Heine, Hesse, Wassermann e, principalmente, Thomas Mann, seu predileto.

Esse amor pela leitura tem um quê de prodigioso, certamente: será capaz de consolar o desesperado, mas não impedirá que alguém assassine seu irmão ou denuncie seu vizinho. Ler *Maurice*, de Forster, nunca fará com que acabemos com a homofobia, embora possa conseguir que alguém, um leitor qualquer, reconsidere as razões que tem, se realmente tem, para desprezar os homossexuais. Os *partisans* do bosque de Wilno, no romance *Educação europeia*, de Romain Gary, conseguem, dentro do refúgio onde se escondem, e enquanto escutam uma *polonaise* de Chopin, ouvir "aquilo que há de melhor no homem, como uma confirmação: durante mais de uma hora, aqueles homens cansados, feridos, famintos, assediados, comemoravam dessa forma sua fé, confinados em uma dignidade que nenhuma feiura, nenhum crime poderia diminuir" (GARY, 2009, p. 59). É lógico que nem sempre ocorre assim. Primo Levi disse ter conseguido esquecer por um instante do campo de Auschwitz, onde se encontrava recluso, enquanto tentava traduzir para o francês uns versos da *Comédia* de Dante; contudo, Jean Amèry não encontrou consolo algum para as suas desgraças nos livros e na cultura. Ambos eram, cada um do seu jeito, humanistas. A cultura também era a desculpa perfeita a que muitos aderiram para não ter que olhar na direção certa. Hermann Hesse teve que escrever o romance *O jogo das contas de vidro* para falar com ironia daqueles que se dedicavam a jogos malabares, trancados em suas torres de marfim intelectuais e acadêmicas, enquanto as pessoas se matavam por aí ou morriam por nada. Se em meio à catástrofe as pessoas conservam os bons modos e certa discrição, não tem por que acontecer nada, dizem. É nisso que muitos acreditaram. O assunto é apaixonante, mas não poderei me aprofundar nele aqui. Seja como for, serve de advertência para nós, então, aquilo que Stefan Zweig escreveu em suas memórias:

Nós, jovens completamente imersos em nossas ambições literárias, reparávamos pouco nas perigosas mudanças que estavam ocorrendo em nossa pátria: apenas tínhamos olhos para livros e quadros. Não mostrávamos o mais mínimo interesse por problemas políticos e sociais: o que significavam para nossas vidas aquelas disputas aos berros? A cidade fervilhava durante as eleições e nós escrevíamos versos e discutíamos poesia. Não víamos os sinais de fogo na parede (Zweig, 2001, p. 97).

A longa fadiga do estudo

O estudo é o lugar do trabalho, da dura labuta. O lugar do ofício. É fundamental. É lá onde me recolho, como em um lugar de iluminação [...]. Teria que ser dito aos pintores atuais que tudo é decidido no estudo. Na lentidão de seu tempo.

Balthus (2019, p. 19)

Estudar é uma forma de exercício que implica uma fadiga longa. Vejamos em que sentido. Em algumas epístolas de Horácio, encontramos meditações sobre a vida do pensamento, sobre a escrita e sobre o estudo como um *ethos* em que nos é mostrado um tipo humano que tem um gosto predominante pela cultura das letras e um regozijo estudioso. Horácio apresenta o estudioso em suas difíceis relações sociais com os outros, em suas egocêntricas demandas sobre a realidade, em suas exigências de conforto doméstico, suas necessidades afetivas e em parte elitistas de amizade, enfim, um tipo humano por inteiro imerso na cultura dos livros. Em uma dessas epístolas, ele explica que "assim sendo, agora deixo versos e demais diversões. Apenas me interessa a verdade e a moral. Junto e armazeno para mais tarde poder me abastecer" (HORÁCIO, 2016, I, 1, p. 10). Em outra, direcionada a alguém de nome Lólio Máximo, comenta, em tom irônico, porém severo:

> Para degolar alguém, os bandidos acordam de noite. Para servir a ti mesmo, tu não acordas? Repara que, se não quiseres são, hás de correr com hidropisia; e se não pedires livro e luminária antes do amanhecer, se não dirigires teu ímpeto para estudos e coisas honestas, a inveja e o desejo hão de te atormentar insone (HORÁCIO, 2016, I, 2, p. 35-40).

Igualmente, o filósofo Francis Bacon faz referência ao *ethos* do conhecimento em seu ensaio "Sobre os estudos", que faz parte de seus *Ensaios sobre moral e política*, no qual atribui à leitura um papel principal na vida estudiosa. Bacon oferece princípios gerais, porém precisos, sobre os propósitos de toda leitura. Tais conselhos são, sem sombra de dúvida, uma herança da Antiguidade filosófica, dentro da qual a leitura fazia parte de uma boa arte de viver:

> Não leias para contradizer e refutar, nem para acreditar e tomar como dado, nem para achar charlatanice e discurso, mas para ponderar e meditar. Alguns livros merecem ser saboreados, outros ser devorados, e uns poucos ser mastigados e digeridos; isto é, alguns livros são para serem lidos apenas por partes, outros para serem lidos sem concentração excessiva, e uns poucos para serem lidos por completo, e com diligência e atenção. [...] Um homem torna-se completo com a leitura, disposto com a conversa, e preciso com a escrita (BACON, 1999, p. 190).

O que possibilita que um indivíduo se muna da força necessária para se entregar com tanta dedicação a uma atividade de escrita, leitura e estudo? O que sustenta a realização de um projeto que requer o abandono de quase toda convenção social e a decisão em favor de um exílio autoescolhido? Marcel, o narrador de *Em busca do tempo perdido*, quer escrever um romance, mas não acredita em seu talento literário para compô-lo; contudo, perto do final do longo percurso narrativo, ele se depara com a revelação que vai lhe dar o impulso definitivo. É então que ele vai experimentar a necessidade de se retirar: "Tinha a sensação de que o desfecho da vida intelectual era bastante intenso em mim naquele momento, tanto para continuar no salão, em meio aos convidados, como a sós na biblioteca" (PROUST, 2003, p. 274). O narrador já sabe que precisa começar a escrever seu livro, e ao mesmo tempo não tem dúvida do tremendo esforço que sua tarefa vai acarretar: "Tamanha tarefa teria à sua frente!", aponta Proust (2003, p. 409), adicionando, ainda:

> Para se ter uma ideia dela, haveria que se recorrer a comparações com as artes mais elevadas e diferentes [...] [S]uportá-la como um cansaço, aceitá-la como uma regra, construi-la como uma igreja, segui-la como um regime, vencê-la como um obstáculo, conquistá-la como uma amizade, alimentá-la como a uma criança, criá-la como um mundo (PROUST, 2003, p. 410).

Essas imagens são prodigiosas: suportar, aceitar, conquistar, alimentar, criar... Amizade. Realmente trata-se de um autêntico trabalho de *áskesis*, simultaneamente de renúncia (ao mundo social) e de exercício (na escrita). As práticas do estudo (ler, escrever, pensar, escutar) segundo essas referências constituem, portanto, um "exercício espiritual". O termo "exercício" (*exercitium*) significa a "ação de exercer algo sobre alguma coisa" ou de "formar a si próprio" (LITTRÉ, 1960, p. 660). O termo está associado às noções de trabalho e treinamento.

MEDITAÇÃO SOBRE A VIDA ESTUDIOSA

O verbo *exercer* conota, principalmente, aspectos vinculados à repetição, à ginástica e à prática. O termo *espiritual* é mais complexo. Tem um aspecto teológico e religioso, mas nós estamos interessados em destacar outro sentido: a preocupação pela vida interna e íntima, seu componente de experiência subjetiva, uma experiência que está fora de qualquer forma de organização religiosa ou eclesiástica, por assim dizer. É o trabalho da alma sobre si mesma, um exercício que busca a sabedoria com o objetivo de a vida humana *enquanto* humana ser vivida da melhor forma possível (PAVIE, 2012, p. 20).

Na correspondência de Gustave Flaubert, encontramos uma carta direcionada a sua amiga Marie-Sophie Leroyer de Chantepie, de 18 de maio de 1857, que nos oferece uma interessantíssima reflexão. A amiga de Flaubert lamenta o estado do mundo, e almeja melhorar e mudar as coisas. O escritor diz a ela: "A senhora se rebela contra as injustiças do mundo, contra sua baixeza, contra sua tirania e contra toda a infâmia e fedor da existência. A senhora conhece bem? Já estudou tudo? A senhora é Deus?" (FLAUBERT, 2009, p. 106). Flaubert lhe prescreve sua própria receita, levando-a a reparar que, como ela talvez careça do hábito da contemplação, talvez fosse conveniente se dispor a estudar: "Leve a vida, as paixões e a senhora mesma como um motivo para o exercício intelectual", sugere a ela (FLAUBERT, 2009, p. 106-107). Se quisermos viver, "há que se renunciar a ter uma ideia tão clara de tudo. A humanidade é assim, não se trata de mudá-la, mas de conhecê-la. Não pense tanto em si. Abandone a esperança de uma solução" (FLAUBERT, 2009, p. 106-107). Flaubert anima sua amiga a pôr em prática um regime de estudo: "[...] No ardor do estudo tem alegrias à medida das almas nobres. Através do pensamento, una-se a seus irmãos de três mil anos atrás; junte todos seus sofrimentos, todos seus sonhos, e vá sentir como se alargam, ao mesmo tempo,

COLEÇÃO "EDUCAÇÃO: EXPERIÊNCIA E SENTIDO"

o coração e a inteligência [...] Faça grandes leituras. Adote um plano de estudos que seja rigoroso e mantido [...] Imponha-se um trabalho regular e exaustivo. Leia os grandes mestres e tente captar sua conduta, se aproximar de sua alma. Sairá desse estudo deslumbrada e alegre" (FLAUBERT, 2009, p. 107). Encomenda-lhe, enfim, que ouse à contemplação, ao pensamento, à vida intelectual. Sugere-lhe que é melhor conhecer o mundo do que pretender mudá-lo, e lhe faz notar que esse estudo é um exercício intelectual, ou seja, um exercício "espiritual": uma forma de vida, portanto.

Mas tudo isso requer isolamento, que faz do estudioso um membro da tribo dos melancólicos – a melancolia é uma pena que não tem nome, afirmava Joseph Joubert (2009, p. 304). O melancólico é parte dos intelectuais que fazem do pesar pelo estado do mundo o fundamento de sua existência, conforme afirma Wolf Lepenies: "Está cronicamente insatisfeito; sofre pela situação do mundo. A queixa é seu ofício [...] Só consegue refletir, mas não agir" (LEPENIES, 2007, p. 28). O melancólico se encontra um pouco à margem das leis habituais da vida (FÖLDÉNYI, 1986, p. 20; STAROBINSKI, 1993, p. 26). É o estudioso, então, um melancólico que pertence a uma espécie caracterizada por uma insaciável sede de reflexão e meditação, em cujo interior fica preso. Pareceria, portanto, que é um insatisfeito crônico que, quanto mais lê e medita ou reflete, mais estranho se sente no mundo (CLAIR, 2006, p. 203). Por sentir a dor do mundo em que habita, busca um modo de expressão, e com frequência essa expressão é algo que tem a ver com a criação. Anseia criar, mas, para dar vazão a suas inspirações, precisa voltar, reiteradamente, a esse estado de melancolia, o qual, pensa ele, lhe permite continuar criando.

O estudo impõe um estilo de vida. Agamben escreve que uma forma de vida que tenha relação com uma prática

MEDITAÇÃO SOBRE A VIDA ESTUDIOSA

"poética" (o poético faz referência ao ato de criação ou de tornar algo visível no mundo, a um ato de *poiesis*) está presente sempre no *estudo*, está sempre no *estudio*: no gabinete ou "sala de estudo" em que o estudioso habita e "fica estudando". Tanto o espaço onde se estuda (ou onde se pinta) como a própria atividade de estudar (ou de pintar) não parecem sempre organizados, e sim bagunçados: "Na bagunça das folhas e dos livros abertos ou amontoados uns sobre os outros, em posições aleatórias de lápis, lápis de cor e telas penduradas na parede, o estudo conserva o testemunho da criação, registra as marcas do laborioso processo que leva da potência ao ato, da mão que escreve à folha escrita, da paleta à tela" (AGAMBEN, 2018, p. 13).

Trata-se de uma forma de vida concentrada em olhar, escutar, pensar, escrever, ler: "Fazer alguma coisa consigo, fazer algo com os outros, ser afetado pelo mundo de certa maneira" (TATIÁN, 2017, p. 82). É uma condição existencial. Precisa ter muita vontade, e muito amor, para se manter nessa atividade: "Para pensar não precisa nada. Para estudar, precisa" (TATIÁN, 2017, p. 83). Não só condições materiais são precisas: um lugar para estudar, livros para ler, cadernos em que escrever; mas também condições temporais: dispor de um tempo liberado das exigências do trabalho para poder usar a vida para o estudo. São precisas, enfim, certas condições internas: querer fazê-lo, ter vontade de estudar. Por isso, o que resulta verdadeiramente irritante são as casas de estudo de hoje (e estou pensando nas universidades) serem as que mais obstaculizam a atividade do estudo e a disponibilidade de tempo para fomentar o gosto por essa atividade.

O estudo possui, em suma, um caráter interminável; tanto que produz um longo cansaço. O estudioso não enxerga, no horizonte, o final daquilo que ele faz. É um meio sem fim predeterminado:

O estudo é, de fato, interminável. Qualquer um que tenha passado longas horas vagando entre livros, quando cada fragmento, cada código, cada inicial com que se topa parece abrir um novo caminho que se perde repentinamente após um novo encontro, ou tenha experimentado a labiríntica ilusão da "lei da boa vizinhança" que Aby Warburg tinha estabelecido em sua biblioteca, sabe que o estudo não apenas não pode ter propriamente um fim, como não quer tê-lo. Aqui a etimologia do termo *studium* se torna transparente. Remonta à raiz *st-* o *sp-* que indica os choques, os *shocks*. Estudar e espantar são, nesse sentido, parentes: quem estuda encontra-se na condição daquele que levou um golpe e permanece pasmo frente ao que bateu nele sem ser capaz de reagir, e ao mesmo tempo impotente para se separar daquilo. Portanto, o estudioso é ao mesmo tempo também um estúpido (AGAMBEN, 1989, p. 46).

O estudo não tem fim e "não quer ter". Daí o cansaço que ele acarreta. Em seu caráter infindável, o estudo espanta o estudioso, até torná-lo "estúpido". Há uma sorte de alternância, no estudo, entre sofrimento, paixão e teimosa continuidade. Eis aí que reside o "ritmo" próprio do estudo: "[S]e por um lado permanece tão atônito e absorto, se o estudo é portanto essencialmente sofrimento e paixão, por outro [...] é empurrado à conclusão [...] Essa alternância de estupor e lucidez, de descoberta e turbação, de paixão e ação é o ritmo do estudo" (AGAMBEN, 1989, p. 46-47).

Em consonância com essa descrição, o estudo sempre se estende em uma potência não totalmente atualizada, e impõe uma longa paciência. O estudioso não sabe qual é seu propósito nem para onde seus passos o estão direcionando. Quando lê e estuda, o poeta latino Horácio diz, em uma de suas epístolas, que "Para onde os ventos me levarem eu me deixo levar" (Horácio, 2016, I, 1, p. 15). Não surpreende a tristeza do estudioso, pois "nada é mais amargo que uma prolongada demora da potência" (Agamben, 1989, p. 47). O fim do estudo jamais é alcançado. E nada tem a ver com aprender, no sentido em que esta palavra tem se tornado famosa hoje. No contexto do discurso da "sociedade da aprendizagem", sem dúvida muitas coisas podem ser aprendidas, mas sem necessidade de tê-las estudado com atenção e demoradamente, no sentido de que estou considerando aqui a palavra "estudo". Pelo menos no que diz respeito às instituições de educação, nossa época se orgulha de noções tais como "aprendizagem" (e outras, como "aprender a aprender", "aprender ao longo da vida", "empreendedorismo"), mas torna impensável a palavra "estudo".

O exílio estudioso: meditação do caderno de notas

> Os cadernos como forma de estudo e o estudo como
> essencialmente inacabado.
>
> Giorgio Agamben (2018, p. 62)

O estudioso precisa se afastar dos ritmos habituais do mundo. Esse isolamento e a necessidade do silêncio que o estudioso precisa estão acompanhados por um gesto de reiteração, de repetição, de insistência que serve de amostra do amor que o estudioso tem por aquilo que faz.

A sala de estudo é o lugar onde a pessoa entregue ao conhecimento abandona, talvez, sua máscara de insignificância para ser, por fim, ela mesma. Judith Schlanger formula tal pensamento da seguinte forma:

> É o lugar de sua solidão, de seus interesses e de suas
> paixões, e é lá que seu retiro se formula enquanto uma

ordem separada. É lá que a lógica do mundo estudioso se desdobra, uma lógica consciente que se desenvolve distante do mundo exterior e que se encontra fora do alcance de seu olhar. A frase de Goethe – "onde começa a vida intelectual, a política acaba" – proclama o princípio dessa independência. Certamente, o retiro estudioso supõe a política e exige o mundo, e o gabinete de trabalho é menos autônomo do que se acredita. Ainda por cima, essa estância não é sábia e não torna ninguém mais sábio. Mas é um regime de trabalho por onde a vida desliza, iluminada por sua surpreendente vocação (Schlanger, 1997, p. 220).

O estudioso, recluso em sua sala de estudo ou na biblioteca, entrega-se a sua tarefa igual um leitor se entrega à leitura ou um escritor à escrita de seu romance. No século XIV, Petrarca escreve uma carta ao dominicano Giovanni Colonna, em que diz: "Apenas na solidão sou dono de mim e em nenhuma outra parte: nela minha pena (*calamus*) é verdadeiramente minha e em nenhuma outra parte". O estudioso, portanto, requer solidão. Estou lembrando agora daquilo que um professor de história da educação nos dizia em suas aulas: "O estudo é liberdade e solidão". Rafael Sánchez Ferlosio, após escrever o romance *El Jarama*, entre outubro de 1954 e março de 1955, "agarra" (a expressão é do próprio Ferlosio, em *A forja de um emplumado*) *A teoria da linguagem*, de Karl Bühler, e mergulha na gramática e na anfetamina. Quase sem sair de casa, exilado e associal. E assim fica estudando por quinze anos. Ivan Illich aponta que "o leitor é alguém que faz a si mesmo dentro de um exílio para poder concentrar toda sua atenção e seu desejo na sabedoria, que se torna assim o lar almejado" (Illich, 2002, p. 27). O estudioso é um peregrino do espírito (*peregrinatio in stabilitate*). Conforme também afirma Barthes, "para se ter tempo para escrever, é preciso lutar até morrer contra os

MEDITAÇÃO SOBRE A VIDA ESTUDIOSA

inimigos que ameaçam esse tempo, há que se arrancar esse tempo do mundo, tanto por uma escolha decisiva como por uma vigilância incessante" (BARTHES, 2005, p. 267). Como que tangencialmente, Barthes aponta – para fazer uma obra da própria vida – que a solução é escrever um *diário*, o que lhe força a escrever quase todo dia. O mundo e a obra são rivais; o mundo e o estudo são inimigos. Se não podemos mudar o mundo, o melhor é tratarmos de compreendê-lo, estudando-o. Imagino a jornada de um estudioso. Observo-o lendo sentado ou enquanto caminha e, a cada certo tempo, fazendo anotações do que pensa, do que observa, do que está lendo ou já leu. Precisa o estudioso levar consigo um caderno de anotações? Por quê? Que tipo de cadernos? Jean Guitton pergunta-se, em *O trabalho intelectual*: "Como colocar em signos o trabalho da mente, como fixar o pensamento dos outros e o nosso, para que possamos pensar, revisar e praticar novamente sobre aquilo que um dia conhecemos e amamos; esse movimento de retorno seria o conhecimento?" (GUITTON, 2010, p. 95-96). Em seu breve ensaio, Guitton comenta que, na verdade, é um costume feliz portar um diário que nunca será desvelado, um caderno em que se escrever apenas para si mesmo. Qualquer um pode tirar proveito dessa prática, que é antiquíssima. Para quem está se iniciando na vida do estudo, é muito aconselhada essa prática na qual é preparado em segredo esse *humus* do saber.

Servem de que os cadernos? Relê-los, após tê-los esquecido por um longo tempo, constitui uma autêntica celebração da recordação. Emerson, assinando sob pseudônimo (Junio) uma entrada em seu *Diários*, em 15 de janeiro de 1820, escreve:

> Misturar os milhares de anseios e paixões e objetos do mundo personificados pela Imaginação é proveitoso e

COLEÇÃO "EDUCAÇÃO: EXPERIÊNCIA E SENTIDO"

divertido. Essas páginas tentam conter em seu início um registro de novos pensamentos (quando convenientes), como receptáculo de toda velha ideia que uma olhada parcial e peculiar à Antiguidade possa proporcionar ou renovar, como caderno para salvar o desgaste da frágil Memória (EMERSON, 2015, p. 21).

Se escrever um diário pessoal faz sentir pudor, e, com frequência, após escrevê-lo, sentimos vergonha do que escrevemos nele, portar cadernos de anotações é uma coisa bem diferente. Embora também estejamos neles, não estamos tanto, ou não completamente. Neles juntamos o que há no mundo e nos livros. Esses cadernos nos ajudam a focar nossa atenção no essencial de qualquer assunto. Escrever em meus cadernos me ajuda a pensar. Constantemente escrevo neles – quando estou concentrado em qualquer assunto – as mesmas ideias, e, ao reescrevê-las uma e outra vez, não apenas as fixo, como também me esclareço nelas. Do mesmo modo, escrever nos coloca certos limites, nos impedindo de querermos falar depois de tudo. Escrever em cadernos, por fim, nos acalma, nos alivia, nos descarrega, pois de algum modo nos ajuda a exprimir aquilo que parecia inexprimível.

A operação de escrever em cadernos, assim como de ler em papel, e não em formato eletrônico, é uma operação de resistência em um mundo hipertecnologizado. Não é a mesma operação escrever à mão que digitar, como não é igual ler em papel do que em uma tela. Na escrita à mão, somos obrigados a constantes pausas do pensamento. Decisões adequadas devem ser tomadas: o que devo anotar aqui? O que vale a pena conservar? Qual fragmento dessa ou daquela outra obra tornar citação, para uma leitura posterior? Não é necessário ter passado pela faculdade para fazer esse tipo de coisa. Trata-se, sem dúvida, de uma determinada arte de viver que passa pela escrita e, consequentemente, pelo literário. O caderno que carregamos conosco, em um mundo acelerado como o nosso, é uma oportunidade de ficarmos atentos, parados e pensando no que estamos vendo. Escrever à mão obriga a ficar quieto e em silêncio. Nietzsche escreveu muitos deles: cadernos pequenos e práticos (que usava para diferentes livros), nos quais a anotação aforística fosse possível. A prática de fazer anotações em cadernos tem a ver, por sinal, com um motivo tão nietzschiano como é a gana contra o sistema; para o filósofo, a vontade de sistema era uma falta de honestidade intelectual.

Paul Valéry acumulou centenas de caderninhos, em que lemos coisas como: "Alegria – emoção de levantar às cinco horas da manhã e começar a anotar um monte de ideias, digamos, simultâneas, experimentando uma extrema rapidez íntima" (VALÉRY, 2007, p. 32). O que precisa ser escrito nesses cadernos? De novo, Valéry: "Nesses cadernos não escrevo minhas "opiniões", porém escrevo minhas formações" (VALÉRY, 2007, p. 31). É uma boa dica. O estudo acalma e excita ao mesmo tempo. Às vezes, nos impede de dormir. Há uma experiência muito particular na vida estudiosa, no estudo enquanto forma de vida, enquanto exercício, enquanto uma das belas artes. Pode ser assim considerada?

Em seus cadernos, Valéry exercita a "musculatura" de seu pensamento. Essa é a razão principal para ele se levantar entre quatro e cinco da manhã, com disciplina estoica, para dar início à escrita de seus cadernos, até ficar completamente viciado nela. Não faz isso para escrever livros; faz é para configurar sua própria mente. E isso se torna um "vício". Seu trabalho nesses cadernos é o trabalho de Penélope: "Meu trabalho é o trabalho de Penélope, o trabalho nestes cadernos"; tem também isso aqui: "Em suma – isso (estes cadernos de anotações) são pilhas de estudos para some 'philosophy' whose name I dislike – or a Miso-sophy" (VALÉRY, 2007, p. 33).

Trata-se, afirma, das "sondagens da manhã" (VALÉRY, 2007, p. 34). Valéry escreve suas anotações porque está convencido da "natureza provisória, perpetuamente provisória, de tudo que vem à minha mente" (VALÉRY, 2007, p. 35). Aquilo que ele escreve é para si mesmo – "não escrevo mais do que para mim" (VALÉRY, 2007, p. 35); ou, em outras palavras, um "Diário de mim" (VALÉRY, 2007, p. 37). É o momento da total solidão, da imparável mesmice, da complacência em relação à falta de semelhança com os outros: "Nesse horário, cinco horas da manhã, é repugnante ser obrigado a trabalhar com a mente pensando na opinião de outrem. Essa é a hora de ser o mais dessemelhante, o mais único possível" (VALÉRY, 2007, p. 35).

O estudioso, assim como o escritor, não está trancado o tempo todo em sua sala de trabalho. Também caminha. A caminhada faz parte de seu trabalho como estudioso ou como escritor. Caminha e vaga ou perambula porque deseja que os dedos de seus pés pensem, porque está convencido de que as melhores ideias são uma espécie de caça que tem de ser abatida enquanto voa. Não sabe, na verdade, o que está procurando: vai saber quando encontrar. À tarde, ou à noite, aí sim trancado em seu gabinete, escreverá em seu caderno de anotações. Esse caderno, que talvez tenha levado com ele na sua caminhada matinal, é um lugar intermediário entre a branquidão da página e o livro já concluído. Os cadernos de anotações de Nietzsche dão conta de sua natureza de escritor e são um exercício preparatório. São a pátria do estudioso e do escritor, seu lar verdadeiro, seu último refúgio e liberdade. Não somos escritores por ter escrito livros, mas por ter tentado rascunhar anotações em cadernos. Conforme afirma Miguel Morey, em seu breve ensaio "Caderno de notas": "Seria possível dizer que o escritor começa a ser escritor a partir do momento em que se vê

MEDITAÇÃO SOBRE A VIDA ESTUDIOSA

perante a ameaça da impossibilidade da obra: se reconhece como escritor no risco de não poder começar a obra (Kafka) ou de não conseguir conduzi-la (Proust)" (MOREY, 2007, p. 355-356). No seu curso sobre romance, Barthes também é muito específico: "O caderno, não grande demais", diz; referindo-se aos cadernos oblongos de Flaubert, "em belo molesquim preto", e aos de Proust; menciona inclusive um tipo de "caneta com mola (rapidez: não ter que tirar a tampinha)" (BARTHES, 2005, p. 142). Para fazer um bom uso desse exercício do caderno de anotações, a pessoa tem que ter tempo, estar livre. Uma vez nos habituamos a essa prática, desatendê-la tem seus efeitos: "Quando estou um tempo sem anotar nada, sem pegar em meu caderno, fico com um sentimento de frustração, de secura; retornar à *Notatio*: como droga, como refúgio, como resguardo. *Notatio*: como maternidade [...] a *interioridade* como lugar seguro" (BARTHES, 2005, p. 143).

O caderno não está destinado a ser um sistema plenamente articulado: ele se basta a si mesmo e é o espelho no qual olhamos finalmente para nós. É uma compilação e está a serviço de uma memória que não é apenas lembrança de coisas passadas já vividas. É o complemento do retiro do estudioso em seu habitáculo, onde se corteja a si mesmo lendo e fazendo anotações, conforme declara Montaigne em seu ensaio "Da ociosidade". Essa ociosidade – a mesma à qual o estudioso pertence – é com efeito causa de todas as paixões e fantasmas. Pascal Quignard, em seus *Pequenos tratados*, se vê obrigado inclusive a se desculpar perante o leitor que está lendo aquilo que sem dúvida teve sua origem em seus próprios cadernos: "Haverão de me ser perdoados estes fragmentos, estes espasmos que dou. A onda que quebra pega emprestada do sol uma parte precipitada de sua clareza. Essa brusquidão é igual ao sonho de um ladrão"

(QUIGNARD, 2016, p. 28). É a paixão, é o furor que seus tratados inspiram, quem outorga a eles origem e nascença: "Eu escrevia esses tratados com aquela alegria furiosa que se nega àqueles de quem se esconde porque prefere pular e porque quer se jogar. Esses textos não estavam assujeitados a nenhuma ordem geral. Não precisavam se submeter a nada, nem sequer ao contraste entre eles" (QUIGNARD, 2016, p. 31). Uma escrita forçada por uma paixão que ignora seu destino, que não busca um resultado, que não é mensurável. Que nasce, intempestiva, como escrita pura.

**

Recolher-se para estudar é um verdadeiro gesto de resistência numa época em que a escrita e o pensamento estão sendo submetidos a um processo de estandardização que torna essas atividades algo completamente supérfluo. Estudar com atenção e cuidado, com amor e dedicação, com modéstia e grandes doses de humildade, aquilo que desejamos transmitir posteriormente na aula faz com que muitas coisas amadureçam em nós: "Essa é a questão – afirma Steiner –, chamar atenção de um estudante para aquilo que, a princípio, ultrapassa seu entendimento, mas cujo tamanho e fascinação lhe obrigam a persistir na tentativa" (STEINER, 1998, p. 65). Ainda, estudar é um magnífico antídoto para parar de pensar em nós mesmos, em conformidade com um ego – que agora prolifera em toda parte – hipersensível, incomodado por tudo e que, do mesmo modo que muitos "intelectuais", a única coisa que deseja é se exibir. É também um bom remédio para não dar mancada quando se pretende falar daquilo que não foi estudado com calma.

Tem uma citação de Petrarca, que pertence a *De sui ipsius et multorum ignorantia* ("Sobre a própria ignorância e a de muitos outros", de 1367), que diz assim: "As letras, com efeito, são instrumentos de loucura para muitos, de soberba para quase todos, a menos que, o que é estranho, acabem descansando em uma alma boa e com boa disposição" (*apud* LLOVET, 2011, p. 261). Realmente ignoro em que consiste ter uma "alma boa", mas imagino que seja prudente e modesta, magnânima e, acrescento eu, que saiba realmente escutar o que o outro fala. Uma alma que sabe, de modo gentil e cortês – cortesia não é sinal de fraqueza – conversar. O estudo permite que a conversação entre gerações tenha continuidade ao longo do tempo. Porém, hoje, nossas instituições universitárias estão sendo vampirizadas por um processo de infantilização que, como vírus letal, afeta jovens e adultos, estudantes e professores; um vírus que impede que essa conversação aconteça. O estudo convida ao desacordo razoável, e isso permite, insisto, que a conversa seja mantida e aprofundada. O desacordo convida à discussão, enquanto a declaração "me senti ofendido" a encerra de forma embaraçosa e definitiva. Vivemos tempos de conversas impossíveis. A alguns de nós isso nos leva à melancolia, que é uma pena que não tem nome: por isso nos trancamos para ler os nossos livros mais amados e escrever em nossos cadernos de anotações, conversar sobre nossas questões com aqueles poucos amigos que são amigos de verdade e, enquanto lemos os clássicos, manter uma conversa com os defuntos.

Minha ideia do homem ou da mulher que elegeu o ofício de professor é de alguém que entra na sala de aula com leituras já feitas e com livros que serão lidos devagar novamente, e a cujo respeito conversará com alunos transformados por esse gesto de leitura em estudantes e estudiosos; é a de alguém que estuda em seu retiro estudioso, regozijando-se nisso, e alguém que dá o que estudar. E também tem a ver com o espaço de uma aula ou de uma sala de aula sendo transformada em lugar (e não simplesmente considerada enquanto "ambiente de aprendizagem"), onde a leitura, a escrita e o pensamento ainda têm certa autoridade. Esse professor estudioso é alguém que faz de seu ofício uma forma de vida, e não apenas um meio de subsistência ou uma performance profissional. Minha ideia de professor encontra-se na contramão do tempo, com certeza está desatualizada e é provavelmente inútil, pois rivaliza contra os modos característicos que definem o tempo atual, em que a lentidão, a espera e a duração não parecem mais possíveis e estão sendo ridicularizadas enquanto opções vitais. Ela está inscrita, do mesmo modo que outras obras que me inspiraram e são fundamentais aqui, contra o discurso dominante da sociedade da aprendizagem, contra a impossibilidade atual de pensar a escola sob uma ótica pública do mundo, contra a domesticação do professor enquanto facilitador da aprendizagem e infantilizador emocional dos alunos, e contra a psicologização da teoria e da prática educativas. Este texto reivindica a ideia do professor enquanto professor estudioso que busca dar o que estudar a seus alunos que vão à escola para aprender, com outras pessoas, através do estudo: lendo, escrevendo, pensando, conversando.

***

Escrevo estas últimas linhas no 47º dia de confinamento pela pandemia da covid-19 na Espanha. Durante todo esse tempo, tenho passado por distintos estados de ânimo, mas se destaca em mim certo sentimento de desolação. Desolação, é claro, por tudo que tem acontecido, em nível planetário: tantíssimas mortes sem possibilidade de velá-las em público. Desolação, também, por aquilo que certamente vamos ter de encarar na educação, uma desolação da qual não quero me

MEDITAÇÃO SOBRE A VIDA ESTUDIOSA

desprender completamente, porque, em parte, seria como me desligar definitivamente do modo em que tenho me relacionado com o ofício de ser professor, o qual, para mim, tem sido uma forma de vida. Definitivamente estamos já no meio digital, mas duvido muito que sejamos capazes de apreciar as imensas consequências que este meio vai ter sobre todos nós, agora que todos os "especialistas" da educação afirmam que os docentes devem reinventar por inteiro seu modo de ensinar. Não haverá mais lugar para a presença conforme era classicamente valorizada quando se falava da relação entre professores e estudantes, entre mestres e discípulos. Passarmos para o meio eletrônico e digital não constitui uma simples mudança de dispositivo, porque se trata de um sistema, e convém não esquecer isso, pois esse sistema nos pensa de uma determinada maneira. A tecnologia não é um meio: é um sistema. Minha firme suspeita é que este não será capaz de formar um *público leitor* nem um uso público da razão, na denominação de Kant, que defina um tipo particular de relação entre o pensador, o escritor – ou o professor, penso eu – e o leitor, de modo que receio que muito do que escrevi neste texto cairá no mais absoluto esquecimento.

O cientista russo Konstantin Tsiolkovski mandou colocar como epitáfio em seu túmulo a seguinte frase: "A humanidade não permanecerá amarrada por sempre à Terra". Desde que um objeto fabricado pelo homem foi lançado ao espaço, em 1957, sabemos que isso é verdadeiro. Conforme pensava Platão, não se trata somente de que aparentemente o corpo seja uma prisão da alma, ou, conforme sugere o cristianismo, que a Terra seja um vale de lágrimas; trata-se de outra coisa: agora nem o chão que nós pisamos, com todas suas alterações e irregularidades, é um terreno seguro para pensar e para nos pensarmos. Pois tudo está na nuvem, que nem Sócrates ironizado por Aristófanes em "As nuvens":

> Eu nunca teria chegado a desvendar os fenômenos celestes se não tivesse suspendido minha inteligência e tivesse misturado meu sutil pensamento com o ar próximo dele. Se eu, estando no chão, tivesse examinado do chão as regiões superiores, nunca teria desvendado nada. Com certeza, porque a terra arrasta para si a substância do pensamento. Isso mesmo acontece também com o agrião (Aristófanes, 2015, p. 230).

Devemos meditar seriamente sobre a brincadeira que Aristófanes propõe, e não menosprezar o que, em 1956, Günter Anders dizia em sua brilhante obra *A obsolescência do homem*, quando falava da vergonha prometeica, a mesma que sentiu Adorno em uma exposição de aparelhos técnicos à que compareceu: *"Vergonha de se ter chegado a ser em vez de ter sido feito*, ou seja, pelo fato de, a diferença dos produtos impecáveis e calculados até o último detalhe, dever a existência ao processo cego e não calculado, extremamente arcaico, da procura e o nascimento"* (Anders, 2011, p. 39-40). Não somos fabricados para depois sermos abandonados, como foi Frankenstein, mas nascemos e somos acolhidos por aqueles que já estavam aqui para nos ensinar o mundo em suas imagens muito diversas e contraditórias. Por isso lemos, por isso conversamos, por isso transmitimos, por isso estudamos e pensamos. Nos livros tem de tudo, é claro, mas o fato de existirem nos permite escolher, e também lembrar. É possível continuar ensinando em meio à continuação de uma tradição dilacerada, mas na ausência de todo passado é literalmente impossível. E continuamos nessa.

Poderíamos ser levados a afirmar que estamos em meio a uma crise do estudo e de estudar, uma crise que afeta igualmente estudantes e professores, e faríamos livremente uso dessa palavra se não fosse pelo fato de estar tão gasta e batida que quase nem conseguimos mais pronunciá-la.

MEDITAÇÃO SOBRE A VIDA ESTUDIOSA

Em seu sentido original, uma crise (*krisis*) tem um início e um fim ou resolução, mas hoje parece que não é mais assim: é uma crise sem fim, logo simplesmente deixa de ser uma crise, no sentido mencionado. Hoje a crise parece ser nosso estado habitual ou normal, por assim dizer. É um costume ou um hábito. Se a crise estabelece uma diferença entre o antes e o depois – e por isso expressa experiência de temporalidade –, numa situação em que tudo está em crise, confrontamos uma verdadeira experiência de destemporalização. Ao se atomizar o tempo e perceber que não podemos ficar por muito tempo detidos na mesma coisa, ficamos desprovidos da possibilidade de experimentar qualquer tipo de duração. Sem duração, não há possibilidade de experimentar o interminável do estudo. Porque o tempo do estudo é um tempo inserido na duração, um tempo que obriga a ficar um tempo longo em alguma coisa, sem viver aos pulos, passando de uma atividade para a outra.

Uma temporalidade inscrita no tempo da duração exige seus próprios rituais, que nos permitem converter um espaço em um lugar, e um lugar, em um lar. Que o tempo passe não basta, é também preciso que o tempo que passa (por nós) se torne habitável, mas não de qualquer maneira, e sim no modo em que cada qual, em sua singularidade, habita seu espaço, seu lugar, sua casa. Estudantes e estudiosos, para quem o estudo é uma forma de vida, não habitam seus espaços de estudo de qualquer maneira. Habitam seu lugar e o celebram com seus rituais: o rito de ler e sublinhar, o rito de escrever e fazer anotações, o rito de meditar, da pausa para a leitura e para a escrita; de começar, de parar, de retomar. São esses rituais que fazem com que o tempo seja organizado, ordenado, arranjado de uma determinada forma. Se não houver paradas, interrupções, o tempo é plano, e resulta finalmente insuportável, porque não há nada estável que o suporte.

Hannah Arendt dizia, em *A condição humana*, que os rituais dão estabilidade à vida e que "as coisas do mundo têm a função de estabilizar a vida humana" (ARENDT, 2005, p. 166). Nós podemos mudar, mas ao mesmo tempo estabelecemos uma relação duradoura com as coisas – essa mesa de trabalho, essa cadeira em que sento, essa sala de trabalho em que leio e escrevo –, que vão fazer parte de nosso mundo, do mundo que estamos construindo agora: "Abandonada a si mesma ou descartada do mundo humano, a cadeira vai se tornar madeira de novo, a madeira vai se decompor e voltar à terra onde surgiu a árvore que foi cortada para se tornar o material sobre o qual trabalhar e com o qual construir" (ARENDT, 2005, p. 165).

Saio e entro em minha sala de estudo; vou para a aula e retorno à sala de estudo. Encontro meus estudantes e depois fico a sós comigo, mas não estou absolutamente só. Se ler os ensaios de Montaigne, se eu o observar em sua torre em companhia de velhos amigos, principalmente de Plutarco, quem admirava. Quero pensar – ele próprio assim afirma – que, enquanto lê ou escreve, suas possíveis dores e angústias se reduzem ao mínimo: retira-se a tempo e não há uma hora de leitura e estudo que não lhe faça esquecer suas misérias. Lendo seus ensaios, primeiro com prazer, depois com atenção, depois em um silêncio meditativo e estudioso, quase sem me aperceber revejo minha própria vida à luz de suas linhas. Sigo-as, persigo-as, sublinho, anoto, penso; desejo falar para um bom amigo sobre uma frase maravilhosa, sobre a emoção que sinto com alguns de seus argumentos. Preciso conversar com ele e percebo que ao estudar saio e entro do mundo: de minha sala de estudo para o mundo. Gostaria de poder explicar a meus estudantes o que aconteceu comigo, o que tudo isso implica para mim, mas sem me colocar como exemplo, e quase nunca consigo fazer aquilo que pretendia. Não tenho aspirações de construir um sistema. Não sou um erudito. Sou um reles professor que lê e escreve. E é isso que eu chamo estudar. Não quero fazer parte de uma orquestra sinfônica. Ando à procura de um quarteto de cordas. Se o que eu quero é pensar, mais ou menos filosoficamente, mais ou menos literariamente, a respeito do que é essa coisa de estudar, o que é isso de se retirar a tempo, o que é isso de se exilar de vez em quando para colocar o mundo a certa distância e, assim, compreendê-lo melhor, em vez de ficar reclamando o tempo todo de sua maldade e injustiça, o que eu preciso é uma espécie de filosofia de câmara, uma sorte de intimidade. Nesse interior mais interno de mim, celebro-me de algum modo e, como afirma Montaigne, me cortejo, me aproximando de mim.

Na companhia dos livros que leio, consigo alcançar, de vez em quando, certos tipos de verdade. Entendo finalmente que existe uma comunidade mais ampla que a composta de nossas contingências e acidentes. É a comunidade de aqueles que, na história, tentaram buscar a verdade e a beleza. É uma comunidade mais essencial. Está formada por escritores e escritoras, poetas, ensaístas, romancistas, filósofos, artistas. É uma comunidade de conhecedores potenciais, de todo ser humano que almeja conhecer, saber, tocar a beleza, pronunciar seu nome. É uma comunidade, certamente, de amigos, como Platão era amigo de Aristóteles, como Albert Camus, de René Char; como Allan Bloom, de Saul Bellow. Uma comunidade de conversadores que, de forma gentil e cortês, discordam entre si e se aceitam. Nessa comunidade, encontro uma verdadeira amizade estudiosa. Nessa comunidade, me reconheço.

Referências

AGAMBEN, G. *Autorretrato en el estudio*. Buenos Aires: Adriana Hidalgo, 2018.

AGAMBEN, G. *El hombre sin contenido*. Barcelona: Áltera, 1988.

AGAMBEN, G. *El uso de los cuerpos*: [Homo Sacer, IV, 2]. Valencia: Pre-Textos, 2017.

AGAMBEN, G. *Idea de la prosa*. Barcelona: Península, 1989.

AGAMBEN, G. *La potencia del pensamiento*. Barcelona: Anagrama, 2008.

ANDERS, G. *La obsolescencia del hombre*: Sobre el alma en la época de la segunda revolución industrial. Valencia: Pre-Textos, 2011. v. 1.

ARENDT, H. *La condición humana*. Barcelona: Paidós, 2005.

ARENDT, H. *La vida del espíritu*. Barcelona: Paidós, 2002.

ARISTÓFANES. *Las nubes*: Listríada. Dinero. Madri: Alianza, 2015.

AZORÍN. *Confesiones de un pequeño filósofo*. Madri: Espasa-Calpe, 2007.

BACON, F. *Essais de morale et politique*. Paris: L'Àrche, 1990.

BARTHES, R. *La preparación de la novela*: Notas de cursos y seminarios en el Collège de France, 1978-1979 y 1979-1980. Buenos Aires: Siglo XXI, 2005.

BENJAMIN, W. *Libro de los pasajes*. Madri: Akal, 2005.

BORDELOIS, I. *Etimología de las pasiones*. Buenos Aires: Libros del Zorzal, 2017.

BOURDIEU, P. *Méditations pascaliennes*. Paris: Éditions du Seuil, 2003.

CITATI, P. *Ulises y la Odisea*: El pensamiento iridiscente. Barcelona: Galaxia Gutenberg; Círculo de Lectores, 2008.

CLAIR, J. (Dir.). La mélancolie du savoir. *In*: *Mélancolie, génie et folie en Occident*. Paris: Galeries nationales de Grand Palais, 2006. p. 202-208.

COMENIUS, I. A. *Orbis sensualium pictus*: (El mundo en imágenes). Barcelona: Libros del zorro rojo, 2018.

D'HOEST, F. *El aprendizaje*: del signo a la ficción. Madri: UCM, 2015.

EMERSON, R. W. *Diarios*. Madri: Ápeiron, 2015.

FLAUBERT, G. *Querida maestra*: escritoras en la correspondencia de Gustave Flaubert. Córdoba: El Olivo Azul, 2009.

FLOR, de la F.; ESCANDELL, D. *El gabinete de Fausto*. Madri: CSIC, 2014.

FÖLDÉNYI, L. *Melancolía*. Barcelona: Galaxia Gutenberg; Círculo de Lectores, 1986.

FOUCAULT, M. Histoire de la sexualité: L'usage des plaisirs. v. 2. *In*: *Oeuvres*. Paris: Gallimard; Bibliothèque de la Pléiade, 2015. v. II. p. 739-970.

FOUCAULT, M. *L'Herméneutique su sujet*: Cours au Collège de France, 1981-1982. Paris: Gallimard; Seuil, 2001.

FREIRE, P. *La importancia de leer y el proceso de liberación*. México: Siglo XXI, 2001.

FUMAROLI, M. *La República de las letras*. Barcelona: El Acantilado, 2013.

GARY, R. *El bosque del odio*. Barcelona: Galaxia Gutenberg, 2009.

GREENBLATT, S. *El giro*: de cómo un manuscrito olvidado contribuyó a crear el mundo moderno. Barcelona: Crítica, 2017.

GREISH, J. *Vivre en philosophant*. Paris: Hermann, 2015.

GUITTON, J. *El trabajo intelectual*. Madri: Rialp, 2010.

HADOT, P. *Ejercicios espirituales y filosofía antigua*. Madri: Siruela, 2006.

HADOT, P. *La philosophie comme manière de vivre*. Paris: Albin Michel, 2001.

HESSE, H. (1994). *El juego de los abalorios*. Madri: Alianza.

HOMERO (2004). *Odisea*. Madri: Alianza Editorial. Versão de Carlos García Gual.

HORÁCIO. *Sátiras. Epístolas. Arte poética*. Edição bilingue de Horacio Silvestre. Madri: Cátedra, 2016.

ILLICH, I. *En el viñedo del texto*: etología de la lectura – un comentario al "Didascalicon" de Hugo de San Víctor. México: FCE, 2002.

JOUBERT, J. *Pensamientos*. Barcelona: Península, 2009.

JULLIEN, F. *Lo íntimo*: lejos del ruidoso amor. Buenos Aires: El Cuenco de Plata, 2016.

LARROSA, J. *Esperando no se sabe qué*: sobre el oficio de profesor. Barcelona: Candaya, 2019.

LARROSA, J.; RECHIA, K. *P de profesor*. Buenos Aires: Noveduc, 2018.

LEPENIES, W. *¿Qué es un intelectual europeo?*: Los intelectuales y la política del espíritu en la historia europea. Barcelona: Galaxia Gutenberg; Círculo de Lectores, 2007.

LEWIS, T. *On study*: Giorgio Agamben and educational potentiality. Nova York: Routledge, 2003.

LITTRÉ, E. *Dictionnaire Littré*. Paris: Le livre de poche, 1990.

LLOVET, J. *Adiós a la Universidad*: el eclipse de las humanidades. Barcelona: Galaxia Gutenberg; Círculo de Lectores, 2011.

MACINTYRE, A. *Tras la virtud*. Barcelona: Crítica, 1987.

MAQUIAVEL, N. *Antología*. Barcelona: Península, 2009.

MARX, W. *Vie du lettré*. Paris: Les Éditions de Minuit, 2009.

MASSCHELEIN, J. The Discourse of the Learning Society and the Loss of Childhood. *Journal of Philosophy of Education*, v. 35, n. 1, p. 1-20, 2001.

MONTAIGNE, M. *Los Ensayos*. Barcelona: El Acantilado, 2007. [Edição de J. Bayod Brau, segundo a edição de 1595, de Marie de Gournay].

MOREY, M. Cuaderno de notas. *In: Pequeñas doctrinas de la soledad*. México: Sexto Piso, 2007. p. 355-358.

NEHAMAS, A. *El arte de vivir*: Reflexiones socráticas de Platón a Foucault. Valencia: Pre-Textos, 2005.

ORTEGA Y GASSET, J. *Unas lecciones de Metafísica*. Madri: Ediciones de la Revista de Occidente; El Arquero, 1974.

PARDO, J. L. *La intimidad*. Valencia: Pre-Textos, 1996.

PASCAL. *Pensamientos*. Madrid: Valdemar, 2005.

PAVIE, X. *Exercices Spirituels*: Leçons de la philosophie antique. Paris: Les Belles Lettres, 2012.

PÉREZ CORTES, S. *Palabras de filósofos*: oralidad, escritura y memoria en la filosofía antigua. México: Siglo XXI, 2004.

PIEPER, J. *El ocio y la vida intelectual*. Madri: Rialp, 2017.

PLATÃO. *Parménides, Teeteto, Sofista, Político*. Madri: Gredos, 1999. (Diálogos, 5).

PROUST, M. *À la recherche du temps perdu*: Le Temps retrouvé. Paris: Gallimard; Bibliothèque de la Pléiade, 1989. v. IV.

PROUST, M. *En busca del tiempo perdido*. Tradução de Carlos Manzano. Barcelona: Mondadori, 2003. 7 v.

PROUST, M.; RIVIERE, J. *Correspondencia 1914-1922*. Segovia: La Uña Rota, 2017.

QUIGNARD, P. *Pequeños tratados*. México: Sexto Piso, 2016. v. I.

RIPA, C. *Iconología*. Tradução de J. Barja e outros. Prólogo de Adelaida Allo Manero. Madri: Akal, 1996 [1593]. v. II.

ROZIER, G. *Un amor clandestino*. Barcelona: Salamandra, 2006.

SAN VÍCTOR, H de. *Didascalicon de studio legendi (El afán por el estudio)*. Madri: BAC, 2011. [Edição bilíngue].

SÁNCHEZ FERLOSIO, R. La forja de un plumífero. *In*: *Carácter y destino*: Ensayos y artículos escogidos. Chile: Ediciones Universidad Diego Portales, 2011. p. 383-402.

SARLO, B. *Apuntes de la novela que Barthes no escribió*. 2015. Disponível em: https://historico.semanariouniversidad.com/suplementos/loslibros/apuntes-de-la-novela-que-barthes-no-escribio/.

SCHLANGER, J. *La vocation*. Paris: Seuil, 1997.

SENANCOUR, E. V. *Obermann*. Oviedo: KRK, 2010.

SÉNECA. *Cartas a Lucilio*. Madri: Cátedra, 2018.

SÉNECA. *Sobre la brevedad de la vida, el ocio y la felicidad*. Barcelona: El Acantilado, 2013.

SLOTERDIJK, P. *Has de cambiar tu vida*. Valencia: Pre-Textos, 2012.

STAROBINSKI, J. *Montaigne en mouvement*. París: Gallimard, 1993.

STEINER, G. *Errata*: El examen de una vida. Madri: Siruela, 1998.

TATIÁN, D. Apunte sobre la vida de los estudiantes y el estudio como forma de vida. *In*: *Lo interrumpido*. Buenos Aires: Las cuarenta, 2017. p. 81-92.

VALÉRY, P. *Cahiers*. Edição de Judith Robinson-Valéry. Paris: Gallimard; Bibliotèque de La Pléiade, 2017.

WINOCK, M. *Le siècle des intellectuels*. Paris: Seuil, 1999.

ZWEIG, S. *El mundo de ayer*: memorias de un europeo. Barcelona: El Acantilado, 2001.

Aprender/estudar uma língua

Jorge Larrosa

Em um texto já clássico, Robert McClintock afirmava que o conceito educacional fundamental é o estudo (e não o ensino ou a aprendizagem), e acrescentava que estudar não tem a ver com adquirir conhecimentos ou competências, ou, de modo geral, com alcançar resultados de aprendizagem, mas sim com a formação do sujeito e com a transformação de sua relação com o mundo, isto é, com torná-la mais atenta, cuidadosa, densa e aprofundada (MCCLINTOCK, 1971). Poderíamos dizer, nesse sentido, que a tarefa da escola (e da universidade compreendida enquanto uma escola) é transformar alunos em estudantes, ou seja, fomentar e cultivar uma disposição estudiosa em relação ao mundo, particularmente através dessa porção de mundo escolarizado que chamamos de "matérias de estudo", as quais, sem dúvida, não têm nada a ver com "conteúdos" a serem assimilados, com "saberes" ou "conhecimentos" a serem aprendidos nem com "habilidades" a serem desenvolvidas.

Das dificuldades do estudo em uma sociedade (e uma escola) da aprendizagem

Nos últimos anos, surgiram numerosos trabalhos orientados a expor o que Gert Biesta chamou de *learnification* da educação, ou seja, a substituição do discurso educacional pelo discurso da aprendizagem (BIESTA, 2009, p. 36), ou, dito de outra forma, a colonização da linguagem educacional por parte da psicologia cognitiva (LARROSA; RECHIA, 2018, p. 45-49; p. 164-172). Nesse sentido, a *learnification* da educação acarreta a constituição de uma verdadeira ideologia pedagógica na medida em que, em torno da aprendizagem interpretada cognitivamente, constitui-se todo um campo semântico formado por uma série de palavras-chave que configura o senso comum sobre o que seja a educação e sobre a função da escola – sobre essas palavras-chave, o clássico continua sendo Williams (1976). Essa *learnification*, ademais, permite que seja constituído um vocabulário homólogo em todos os idiomas, fácil de traduzir, o qual contribui para a homogeneização dos padrões ideológicos com que são constituídas tanto a teoria quanto a prática educacional. Alguns exemplos seriam a transformação da sala de aula em ambiente de aprendizagem, das matérias de estudo em unidades de aprendizagem, do professor em facilitador de aprendizagem, da escola em dispositivo para a aprendizagem (eficaz, significativo e, sem dúvida, mensurável) e do aluno em máquina de aprender (e de aprender a aprender).

São numerosos também os textos em que a emergência e a vitória daquilo que tem se convencionado chamar de "cultura da aprendizagem" se relaciona com as novas formas de governamentalidade neoliberal, ou, inclusive, com a lógica produtiva da sociedade da informação, do conhecimento, da aprendizagem, ou com aquilo que alguns preferimos chamar, simplesmente, de capitalismo cognitivo, esse em que a capacidade de aprendizagem permanente é capitalizada e se torna a principal força produtiva (MASSCHELEIN; SIMONS, 2006; SIMONS, 2006; SIMONS; MASSCHELEIN, 2008a, 2008b; para uma história do desenvolvimento e a implementação da "cultura da aprendizagem" por parte dos grandes organismos internacionais, cf. FERNÁNDEZ LIRIA; GARCÍA FERNÁNDEZ; GALINDO FERNÁNDEZ, 2017). Quando a lógica da aprendizagem se torna dominante, a escola e a fábrica cognitiva (pós-industrial) compartilham os mesmos princípios de funcionamento, a própria escola funciona como uma empresa (e a empresa como uma escola), o sujeito aprendiz se aproxima do sujeito empreendedor e autoproduzido e já não existe mais essa separação entre educação e trabalho que é constitutiva da própria definição de escola desde sua invenção na Grécia clássica (MASSCHELEIN; SIMONS; LARROSA, 2019).

Nesse contexto, acredito que possa ser de interesse estabelecer uma separação nítida entre estudo e aprendizagem no intuito de ensaiar as possibilidades da ideia de estudo enquanto categoria educacional relevante, assim como no intuito de torná-la uma das categorias fundamentais para se definir a escola enquanto espaço-tempo separado para a atividade escolar fundamental: o estudo. Não se vai à escola para aprender (de fato, aprende-se em qualquer lugar e a qualquer hora e, indubitavelmente, sem professores), mas para estudar. A escola dá (ou costumava dar) a crianças e jovens:

> Tempo e espaço para se relacionarem com tipos de coisa específicos que existem apenas na escola: as matérias de estudo [...], essas que os adultos decidimos que valem a pena por si mesmas, independentemente de sua utilidade [...]. Em latim, *studium* era aplicação, zelo, cuidado, dedicação. E o verbo *studeo* significava dedicar-se, aplicar-se ou ocupar-se com algo: a locução *studio legendi*, por exemplo, poderia ser traduzida como "dedicação à leitura" [...], donde a *scholè*, o tempo livre da escola, ser um tempo liberado tanto da produção quanto do consumo; portanto, as matérias de estudo, as matérias escolares, são coisas

liberadas de sua função para que o estudo seja exercido com elas e sobre elas, ou seja, atividades livres e não definidas por sua utilidade [...]. A escola é um dispositivo que libera o tempo, o espaço, as coisas (as matérias de estudo) e os procedimentos (os exercícios) que são imprescindíveis para as crianças e os jovens serem iniciados no estudo para torná-los estudantes [...]. Os sujeitos da escola, os escolares, são os estudiosos e os estudantes [...]. A escola é a casa do estudo, o dispositivo material que oferece a crianças e jovens o necessário para que possam estudar, para que possam se engajar com atenção, disciplina, perseverança e zelo em se exercitarem em coisas que não encontram em casa nem na televisão, nem na praça, nem no shopping: coisas que valem a pena por si mesmas (LARROSA, 2019, p. 53-56).

Meu propósito aqui é, em primeiro lugar, explicar a distinção entre estudo e aprendizagem enquanto elaboro brevemente a diferença entre aprender e estudar uma língua, e, em segundo lugar, chamar atenção para as dificuldades do estudo em uma sociedade (e uma escola) da aprendizagem.

Pensar a educação (e a escola) a partir da ideia de estudo, ou, no caso em questão, pensar a relação educativa (e escolar) com a língua a partir do estudo (enquanto estudiosos), e não a partir da aprendizagem (enquanto aprendizes), permite separar a educação escolar de sua autocompreensão em termos de eficácia, ou, igualmente, em termos de relações diretas e comprováveis entre causas e efeitos (ou entre objetivos, práticas e resultados). A ideia de estudo torna possível também o afastamento da obsessão avaliativa que caracteriza, talvez essencialmente, a *learnification* da educação (e que seria um sintoma de sua progressiva mercantilização). Ela torna possível, ademais, afastar-se da compreensão da pesquisa educativa como orientada à implementação de reformas metodológicas e curriculares para melhorar a eficácia das práticas. De fato, a colonização cognitiva da linguagem educacional é complementar à sua colonização econômica, esta que se concretizaria em outra série de palavras-chave, também nitidamente ideológicas, tais como qualidade, inovação, objetivos, processos, resultados e aplicabilidade. Se o progresso na aprendizagem de uma língua pode ser mensurado pelo aumento da capacidade dos aprendizes (de fato, aprender uma língua é adquirir uma capacidade, ou uma série de capacidades, que podem ser mostradas e mensuradas em realizações concretas), o estudo de uma língua não tem um propósito específico, tampouco obedece a uma sequência que possa ser determinada, e, portanto, se ele produzir efeitos, esses serão imprevisíveis, e, sem dúvida, não serão diretamente comprováveis nem suscetíveis, como se diz hoje, de produzir "evidências".

Ademais, entendo que apenas a partir da ideia de estudo (e não a partir de ensino ou aprendizagem) pode ser sustentada a concepção arendtiana da educação enquanto transmissão, comunicação e renovação do mundo (ARENDT, 1996; LARROSA, 2019, p. 16-18), assim como a concepção rancieriana da escola enquanto separação de tempos, espaços e atividades sociais (RANCIÈRE, 1998; LARROSA, 2019, p. 43 et seq.). Daí a distinção entre estudo e aprendizagem ser fundamental tanto para a própria definição de educação como para qualquer consideração a respeito das funções (ou os efeitos) da escola. Em relação à concepção arendtiana de educação, talvez seja suficiente o famoso último parágrafo de seu texto fundamental, publicado em 1958, no qual enuncia que

> [...] A educação é o ponto em que decidimos se amamos o mundo o suficiente para assumirmos uma responsabilidade por ele e assim salvá-lo da ruína que, se não fosse pela renovação, se não fosse pela chegada dos mais

novos, seria inevitável. A educação também é onde decidimos se amamos nossos filhos o suficiente para não expulsá-los de nosso mundo nem liberá-los às suas próprias custas, nem tirar de suas mãos a oportunidade de empreender algo novo, algo que não imaginamos; se os amamos o suficiente para preparálos com tempo para a tarefa de renovar um mundo comum (ARENDT, 1996, p. 208).

A respeito da definição rancieriana de escola, vou me limitar a algumas linhas do segundo parágrafo de seu texto dedicado à separação entre escola e trabalho, aquele em que afirma que

> [...] A escola é, sobretudo, uma forma de separação de espaços, tempos e ocupações sociais [...]. Escola não significa aprendizagem, mas ócio. A *scholè* grega separa dois usos do tempo: o uso daqueles de quem a obrigação do serviço e da produção tira, por definição, o tempo de fazer outra coisa; e o uso daqueles que têm tempo, quer dizer, que estão dispensados das exigências do trabalho e podem se dedicar ao puro prazer de aprender (RANCIÈRE, 1998, p. 32).

Em qualquer caso, parece que a ideia de estudo pode nos ajudar a elaborar uma ideia de educação orientada para o mundo (e, assim, escapar de algumas falsas disjunções, tais como educação centrada no professor ou no aluno, no ensino ou na aprendizagem, nos conteúdos, ou nas habilidades, na transmissão ou na construção de conhecimentos). Ela pode contribuir também na elaboração de uma definição de escola mais morfológica do que funcional, ou seja, mais orientada a considerar as características que diferenciam o tempo escolar de outros tempos sociais, o espaço escolar de outros espaços sociais, e as atividades escolares de outras atividades sociais.

Aprender/estudar uma língua

Em uma célebre conferência intitulada "A cegueira", proferida no teatro Coliseo, em Buenos Aires, em 3 de agosto de 1977, Borges diz que, após a perda do mundo visível, teve de criar outro mundo para sucedê-lo que pudesse ser seu mundo no futuro, e que foi nesse momento quando decidiu se aprofundar no estudo da literatura inglesa antiga. Naquela época, Borges era professor na Universidade de Buenos Aires, mas, como as exigências do estudo ao qual desejava se consagrar não podiam ser submetidas a "quatro meses argentinos de datas pátrias e de greves", convocou um grupo de oito ou nove alunas para assumir com elas a empreitada de "estudar um idioma e uma literatura" que mal conheciam. "Vamos começar a estudá-los", disse-lhes Borges, "agora que estamos livres da frivolidade das provas." Continuando seu relato, o palestrante descreve o que aconteceu com eles assim que iniciaram o estudo:

> Cada uma das palavras destacava-se como se tivesse sido gravada, como se fosse um talismã. Por isso os versos em um idioma estrangeiro têm um prestígio que não têm no próprio idioma, porque cada uma das palavras é ouvida, é enxergada: pensamos na beleza, na força, ou simplesmente na sua estranheza (BORGES, 1980, p. 149-150).

Com isso, Borges, ainda em suas palavras, "tinha substituído o mundo visível pelo mundo auditivo do idioma anglo-saxão. Depois passei para esse outro mundo, mais rico e posterior, da literatura escandinava" (BORGES, 1980, p. 151).

Teríamos aqui, ao parecer, enunciados com clareza meridiana, o motivo da temporalidade indefinida do estudo (que não pode estar subordinada aos calendários universitários), o do seu caráter livre (independente das provas), o de que, no estudo, não se trata de aprender a usar a língua, e sim de ouvi-la, de olhar para ela ou admirá-la (em sua beleza, sua força ou sua estranheza); principalmente, o de que, no estudo, as palavras não são ferramentas de comunicação, porém talismãs que abrem um mundo, ou, no caso das línguas antigas, permitem retomá-lo e torná-lo novamente presente. No estudo de uma língua morta:

> A pessoa de vez em quando fica abruptamente surpresa porque coisas criadas sob um outro céu, em línguas que deixaram de ser faladas, unidas a costumes, vestes, valores, habitats, percepções, olhares, despeitas, modos musicais, cheiros, alimentos, deuses que diferem em tudo, tenham podido ser separadas tão limpidamente das condições de seu nascimento e não só continuem sendo legíveis para nós, mas que além disso nos comovam e nos falem em um tom que, surpreendentemente, não nos parece desconhecido (QUIGNARD, 2016, p. 397).

Nesse sentido, não deixa de ser interessante que Borges fale da emoção e da alegria da descoberta, e de certa euforia inclusive, e que as relacione com a juventude e com a ebriedade: "Encontramos duas palavras. Com essas duas palavras ficamos quase ébrios; é verdade que eu era velho e elas eram jovens (parece que essas são épocas aptas à embriaguez)" (BORGES, 1980, p. 151). Deixando claro, então, aparentemente, que o estudo tem mais a ver com a abertura e a descoberta de um mundo do que com a aprendizagem de uma competência ou de uma habilidade, e que o estado de espírito que o rege tem mais a ver com a admiração e com o entusiasmo, com as maravilhas e com ficar maravilhado, do que com a aquisição de um saber ou de um conhecimento.

Por outro lado, não deixa de ser curioso também que Borges não apenas estude anglo-saxão na solidão de seu gabinete, mas também que decida fazê-lo em companhia de um grupo de estudantes, isto é, de um grupo de jovens que, liberadas de sua condição de alunas (a qual estaria normatizada por uma condição administrativa, pelo calendário universitário e pela obrigação das provas), se dispuseram a lhe acompanhar no estudo. Como se o estudo desejasse manter, ainda à margem da instituição universitária, certo caráter público. Como se esse caráter público, esse interesse compartilhado, esse compartilhar-se com outros a alegria das descobertas fosse essencial para que essa espécie de embriaguez coletiva aconteça (sobre o caráter público do estudo universitário, ver: Simons; Masschelein, 2017, neste livro).

É claro que Borges faz referência aqui a uma língua que não é mais falada por ninguém. Como ele mesmo diz, no estudo do anglo-saxão, estava retornando ao idioma que falavam seus antepassados cinquenta gerações atrás. Mas uma língua morta é emblemática para se pensar a distinção entre aprender e estudar particularmente por isso, porque não é mais possível que alguém a fale, porque ninguém mais a utiliza, porque não existe mais enquanto língua comunicativa. A dedicação a uma língua morta contém, levados ao limite e como em filigrana, alguns dos traços do estudo: a inutilidade, o caráter luxuoso, o tempo perdido, a sensação de uma distância intransponível. Além disso, a diferença entre línguas mortas e línguas desaparecidas é precisamente a escrita, ter sido escritas e conservadas enquanto escritas, e, portanto, podermos ter acesso a elas através da leitura. Uma língua morta, poderíamos dizer, é aquela que apenas pode ser lida e estudada.

Após fazer menção ao modo em que Ingeborg Bachmann elabora a analogia clássica entre uma língua e uma cidade, e após afirmar que "cidade e língua contêm a mesma utopia e a mesma ruína", Giorgio Agamben afirma que estudar latim é:

> Experimentar silabar uma língua morta, aprender a se perder e se reencontrar nos becos das declinações e nas repentinas aberturas dos supinos e dos infinitivos futuros. Desde que seja lembrado que jamais deveria se dizer que uma língua está morta, uma vez que, pelo contrário, de algum modo ela fala e é lida; a única coisa impossível, ou quase impossível, é assumir nela a posição de sujeito, de alguém que diz "eu" [...]. Para quem fala uma língua morta? Com certeza, não para nós; mas também não para os destinatários de seu tempo, dos quais não guarda mais nenhuma lembrança. E, não obstante, certamente por isso, é como se agora fosse apenas ela quem fala pela primeira vez, essa língua que o filósofo, sem reparar que assim lhe confere uma consistência espectral, diz que *ela* fala, não nós (AGAMBEN, 2011, p. 55-56).

Nesse caso extremo que seria o estudo de uma língua morta, segundo Agamben, um estudo que apenas pode ocorrer através da leitura e no qual a língua pode ser, sempre com esforço, entendida e decifrada, porém jamais usada, é a própria língua quem tem consistência (mesmo que espectral), como se ela própria (e não os falantes) fosse quem diz coisas. No estudo, a ênfase não está no sujeito mas no objeto (na coisa, na matéria). Não se estuda para a pessoa se tornar falante (para assumir, na língua, a posição de sujeito), mas para colocar-se à escuta do que a língua pode nos dizer. A língua estudada, poderíamos dizer, não é um instrumento de comunicação, mas sim, como já apontou Borges, algo que abre, revela e oferece um mundo.

Tem um fragmento na conferência que estou citando que não se encontra na versão revisada por Borges que foi

APRENDER/ESTUDAR UMA LÍNGUA

finalmente publicada. Borges começa falando da perda do latim como língua universal, mas logo passa a deplorar a perda do francês como língua de cultura:

> Sei bem que as pessoas estão estudando inglês agora, mas eu que quero tanto a Inglaterra, que me sinto de algum modo inglês, acho que há uma diferença, e a diferença é a seguinte: quem estuda inglês agora não o faz em função de Shakespeare, ou de Eliot ou de Kipling, não, o faz por razões comerciais; já o francês se estudava pelo amor à cultura francesa, o estudo do francês não era para se fazer negócios, não, estudava-se o francês para aproximar-se à grande tradição literária francesa, e é uma pena que isso tenha se perdido (BORGES, 1977).

Embora Borges use a palavra "estudo" tanto para o francês como para o inglês atual, creio que ele está apontando para o cerne da distinção entre aprender e estudar uma língua. Uma distinção que não está na língua, mas no modo em que nos relacionamos com ela. Uma língua é aprendida para ser usada, para comunicar com ela, para fazer negócios; mas a língua estudada é uma chave, ou um talismã, para outra coisa: para a abertura de um mundo, o da literatura francesa segundo Borges, ao qual apenas é possível ter acesso através da leitura. O inglês é aprendido para ser falado, mas o francês era estudado para ser lido e por amor a esse componente essencial da cultura francesa que Borges chama de literatura.

E a literatura é esse lugar estranho, que é possível apenas por causa da escrita, no qual a língua deixa de ser uma ferramenta ou um instrumento para, de alguma forma, revelar-se em si mesma. A literatura é o lugar onde a língua se mostra e se revela tanto em sua estrutura como, principalmente, em sua potência e em seu mistério. Aquilo que a literatura faz não é outra coisa que explorar e expor as possibilidades

85

da língua. Vladimir Nabokov, que também foi professor, dirigindo-se a seus alunos, define a maneira como entendia o estudo da literatura da seguinte forma:

> Tentei fazer de vocês bons leitores, capazes de ler livros, não com o objetivo infantil de se identificarem com as personagens, não com o objetivo adolescente de aprenderem a viver, nem com o objetivo acadêmico de se dedicarem às generalizações. Tentei lhes ensinar a ler livros por amor a sua forma, a suas visões, a sua arte [...]. Não falamos sobre livros; fomos ao cerne mesmo dessa ou daquela obra-prima, ao coração vivo da matéria (NABOKOV, 1987, p. 542).

Estudar literatura não é, segundo Nabokov, falar sobre livros, mas sim ir até o próprio coração da matéria. Desse ponto de vista, quando Borges deplora que não se estude mais francês para se aproximar da literatura francesa, o que ele deplora é que já ninguém se interesse mais pela matéria mesma da língua francesa. O amor à língua pelo amor à literatura, ou o amor à literatura pelo amor à língua, é a própria definição da filologia. Poderíamos dizer, então, que se aprende uma língua por interesse comunicativo, por finalidades comerciais; e poderíamos dizer também que se lê livros para identificar-se com as personagens, para se aprender a viver ou para se fazer teses doutorais. Mas se estuda uma língua por interesse filológico, ou seja, pelo amor à própria língua; e se lê livros pelo amor aos livros, isto é, pelo amor à matéria da qual os livros são feitos. É por isso que a pessoa se torna aprendiz quando quer tirar proveito de sua aprendizagem, mas só se torna estudante por amor. É por isso também que o estudo tem a ver com o ócio, com a *scholè*, com a liberdade, com o interesse pela língua (e a cultura) em si mesmas, e não com o negócio, com a *ascholía*, com a produtividade, com o

APRENDER/ESTUDAR UMA LÍNGUA

interesse pela língua (e a cultura) enquanto ferramentas para serem usadas. Desse modo, o estudo implica uma relação com a língua na qual seu uso é suspendido. E isso porque apenas através da suspensão do uso, ou seja, na medida em que tem sido transformada em matéria de estudo ou, como diria Agamben, em meio puro, a língua pode aparecer em si mesma. Aprende-se uma língua para se fazer uso dela, para servir-se dela, para se dizer algo com ela; mas se estuda uma língua por amor, para nos colocarmos a seu serviço, para ela mesma ser quem diga algo para nós.

Isso não acontece apenas com as línguas mortas ou com as línguas estrangeiras, mas também com a própria língua. Falando das características da língua escolar e/ou escolarizada, Masschelein e Simons insistem que a escola não ocorre sem escrita (em que a linguagem escolar está altamente formatada pela escrita, ou, de modo geral, pela sua gramaticalização), e o que a escola faz é profanar a língua materna, isto é, colocá-la a uma certa distância e à disposição de todos na medida em que a apresenta enquanto matéria de estudo.

> Na educação escolar, a língua transforma-se imediatamente em matéria de estudo. E, nesse sentido, torna-se também uma língua que começa a gaguejar, a vacilar, a se desarmar, a ser analisada, recomposta, recriada [...]. Talvez essa seja a primeira responsabilidade sobre as gerações que estão vindo: gramaticalizar a língua, permitir que ela se torne um objeto de estudo, ou seja, algo com o qual é possível se relacionar (em vez de estar completamente absorvidos ou imersos nela) [...]. Em primeiro lugar, a escrita torna possível que possamos retornar ao dito, arquivá-lo, legá-lo, analisá-lo enquanto "objeto", retomá-lo de novo. Em segundo lugar, a gramaticalização faz referência também à gramática, à externalização e materialização daquilo que normalmente permanece

velado (os elementos, princípios, regras, definições). Mesmo que a gramática seja com frequência bastante tediosa e em termos de uso imediato bastante inútil, é seu conhecimento (num sentido amplo) o que nos permite não ficar simplesmente absorvidos em e pela linguagem, mas estar, ao mesmo tempo, envolvidos e distanciados (MASSCHELEIN; SIMONS, 2018, p. 34-35).

Para Masschelein e Simons, o estudo significa uma relação com a matéria pela própria matéria. Na escola, afirmam, "focamos na língua pela própria língua", por isso "a escola não é um campo de treinamento para aprendizes mas o lugar onde *algo* (neste caso a língua) se separa de seu uso e de sua função", que essa separação do uso tem a ver com a transformação desse *algo* (a língua) em matéria de estudo, e que é essa transformação que possibilita que a escola "abra o mundo" (SIMONS; MASSCHELEIN, 2014, p. 40-43). Aprender uma língua teria a ver com a aquisição dos saberes e as competências necessárias para se viver no mundo; estudar uma língua tem a ver com abrir o mundo e, principalmente, com abrir possibilidades de mundo.

A escola e o estudo da língua

Em um livro dedicado a seu próprio estudo, Agamben comenta uma imagem que aparece em um silabário de uso escolar. Nela, um adulto severo e barbudo, muito provavelmente um professor, está inclinado sobre duas crianças que ainda seguram seus brinquedos infantis. Apoia a mão direita sobre as costas da criança mais velha e, com a mão esquerda, aponta para um enorme abecedário. No pé da imagem, aparece a frase do professor: "todos os grandes cientistas começaram assim". E a frase da criança: "então, disse a senhorita Mini, 'vamos começar!'". Agamben comenta: "aqui,

APRENDER/ESTUDAR UMA LÍNGUA

onde a criança está prestes a ultrapassar o inevitável limiar do mundo da escrita, sua compreensível vacilação e seu temor convivem por um instante com as promessas e o esplendor do Verbo que finalmente consegue dominar" (AGAMBEN, 2018, p. 107) – o motivo clássico do alfabeto como porta para todos os saberes e como limiar para a vida adulta.

Santiago Alba coloca um ponto de vista semelhante quando situa o final da infância na automoção (as crianças ficam pesadas demais para serem carregadas no colo e têm que aprender a andar por si mesmas) e na interiorização da escrita "enquanto técnica suprema de individualização". A citação diz o seguinte:

> Todos os pais já sentiram um orgulho ambíguo, um pouco melancólico, frente à imagem do seu filho, provavelmente com a língua de fora, tratando de desenhar trabalhosamente seu nome pela primeira vez; uma picada inexplicável de dor perante esse gesto físico (e apenas subsidiariamente mental) de olhar pela primeira vez para baixo – para si mesmo – com um lápis na mão. Sentimos de repente que ele está exposto, vulnerável, à intempérie. Enquanto pertencia a outra raça, seu nome não era mais do que uma coisa entre as coisas, reconhecia-se nele como em seu ursinho de pelúcia ou em sua chupeta e atendia a seu chamado como à isca de uma balinha ou de um brinquedo. E, de repente, sim, trabalhosamente, com a língua de fora, fica completamente a sós com seu nome dentro [...]. A criança fica pesada demais e aprende quase ao mesmo tempo a ler e a escrever [...]. Esse é o dia em que as crianças ficam pela primeira vez completamente sozinhas e começam a se tornar membros de nossa própria raça (ALBA RICO, 2015, p. 188).

A alfabetização não consiste apenas em aprender a ler e escrever, mas sim em se iniciar em um mundo gramaticalizado, um mundo no qual se vive "com a língua de fora", um mundo no qual a escrita externa os saberes e também os próprios sujeitos, um mundo público no qual todas as coisas podem aparecer publicamente (como diria Arendt: "entre os homens") na medida em que estão escritas e fora de nós. Mas provavelmente estejam lembrados de que Agamben falava de vacilação e temor (nas crianças), e Alba de uma dor aguda (nos pais) nesse momento de ingresso ao alfabeto, e, com ele, ao mundo gramaticalizado. Acontece que o ingresso à língua escolar e escolarizada é ambíguo e pode significar tanto a captura das crianças e jovens em mundos fechados como, ao contrário, a abertura de possibilidades de mundo.

Em um livro que compila um conjunto de palestras proferidas na cidade de Frankfurt em meados dos 1980, Peter Sloterdijk começa falando do nascimento como esse momento em que a criança se desliga da mãe para iniciar sua ligação com o mundo, e no qual vai aparecer essa série de conteúdos que podemos chamar propriamente de mundo apenas na medida em que se dá na linguagem e pela linguagem. O que Sloterdijk nos diz é que, para nós, para os seres humanos, a linguagem é a instância que nos dá verdadeiramente o mundo. É por isso que vir ao mundo é vir à linguagem. Nesse contexto, Sloterdijk afirma que na lógica da *Bildung*, da formação, da lógica que dominou as teorias e as práticas educativas desde finais do século XVIII até meados do século XX, os recém-nascidos eram conectados fundamentalmente à língua nacional. Através dessa língua, os recém-nascidos eram conectados a uma nação, a uma cultura, a uma tradição, a uns costumes, a uma história, a uma pátria, a uma religião... A todos esses elementos que constituíam um sentimento de pertença ou, nas palavras de Sloterdijk, um "folclore totalitário". Nascer era nascer-dentro de uma nação. A nação era o quadro extrauterino ao qual

APRENDER/ESTUDAR UMA LÍNGUA

eram ligados os recém-nascidos e vir ao mundo era concebível apenas enquanto ligação a uma comunidade linguística. Em suas próprias palavras:

> A primeira preocupação de qualquer nação é ligar os "nascidos-dentro" às chamadas línguas maternas. O desligamento da mãe no parto enquanto amarra das crianças ao centro gravitacional da realidade nacional tem como consequência necessária uma fundamental arabização, brasilização, britanização, japonização, russificação, sudanização, etc. dos recém nascidos. As crianças se tornam assim uma e outra vez os prisioneiros do Estado de suas nações e comunidades linguísticas, toda vez que eles, com toda razão, são considerados o futuro de seus povos (SLOTERDIJK, 2006, p. 145).

Sloterdijk logo adiciona que esse tipo de ligação já se tornou anacrônica, e que a língua à qual a escola liga os recém-nascidos não é mais outra coisa, nesses tempos de globalização, que um veículo de transmissão de competências, conhecimentos e habilidades totalmente desnacionalizadas e definidas pelas novas necessidades do capitalismo global. Se a lógica do capitalismo passa por um desenraizamento de tudo, inclusive da linguagem, se ela passa por uma abstração generalizada (dos sujeitos, dos mundos, das mercadorias, dos valores, das formas de vida), então a linguagem também terá que desenraizar. Nesta nossa época, nas palavras de Sloterdijk:

> A aprendizagem do alemão que é patrimônio da maioria de nossos concidadãos tem sido conduzido para regiões completamente diferentes da vida linguística nacional. Nelas o apriorístico da transmissão tem operado de modo que eles conseguem falar apenas o alemão urgente das pessoas do mundo dos negócios [...], o alemão ambicioso dos construtores do futuro, o alemão dos

que olham para a frente, das colunas jornalísticas, dos moralistas, das almas mortas. Esse fluxo de transmissões nacionais, de preocupações, misérias e poderes gera, por sua vez, o alemão das notícias e o alemão dos jornais, assim como o alemão do espírito dos tempos, o alemão dos comitês, o alemão da mídia, o alemão das comissões, da objetividade pedantesca e da espuma cínica (SLOTERDIJK, 2006, p. 146-147).

Seria necessário refletir, sem dúvida, sobre o que é isso em que nascemos-dentro, com que nos vincula a língua ensinada, qual mundo ela transmite às crianças que a aprendem, com qual mundo ela os vincula. É então que Sloterdijk aponta para a possibilidade de uma língua que "não consista unicamente na transmissão dos laços nacionais e dos preconceitos que significam o mundo" (SLOTERDIJK, 2006, p. 152), uma língua, em definitivo, que não apenas nos ligue a um mundo ou nos introduza em um mundo, mas também que abra possibilidades e promessas de mundos. Sloterdijk, como é de costume nele, esquece a escola e aponta para a poesia. Mas acredito que poderíamos falar da poesia não como um "tipo" de língua, mas também, principalmente, como aquilo que a linguagem humana ainda tem de poético, isto é, como aquilo em que a linguagem humana é algo a mais e outra coisa que não um meio de comunicação, como o lugar em que a língua é vista, tocada, ouvida, saboreada, em que se faz sensível e se torna objeto de contemplação.

Acredito que poderíamos falar também em um tipo de relação com a língua, esse em que a língua não é apenas aprendida, mas também estudada; isto é, esse no qual não estamos apenas absortos – em e pela língua –, no qual não estamos apenas dentro da língua (e a língua dentro de nós), no qual não apenas adquirimos os automatismos da língua e as habilidades para usá-la adequadamente, no qual não apenas interiorizamos as regras da língua; porém esse no qual a exteriorizamos, no qual estamos o tempo todo com a língua de fora, e por isso nossa língua não apenas vacila, balbucia e gagueja, como também pode ser sentida e, indubitavelmente, analisada, recomposta, e, em definitivo, renovada. Depende disso, de novo segundo Sloterdijk, que "nossos textos se dirijam a espaços de liberdade ou se tornem papéis pintados com os quais os não desligados estofam suas cavernas" (SLOTERDIJK, 2006, p. 159).

Para Borges, que era leitor e escritor, alguém que teve uma relação "literária" com o mundo, e que, nas imediações da cegueira, substituiu o mundo visível das coisas presentes pelo mundo audível (e legível) das línguas do passado, estudar uma língua consiste em torná-la sensível. Em outra das palestras do Coliseo, particularmente a do dia 13 de julho, dedicada à poesia, Borges começa sua argumentação trazendo para a presença apenas uma palavra:

> Pensemos em uma coisa amarela, resplandecente, em constante mudança; essa coisa aparece às vezes no céu circular; outras vezes tem formato de arco, outras vezes cresce e decresce. Alguém – cujo nome, porém, nunca saberemos –, nosso antepassado, deu a essa coisa o nome de *luna*, diferente nos diversos idiomas e diversamente feliz. Eu diria que a voz grega *selene* é complexa demais para a lua, que a voz inglesa *moon* tem algo pausado, algo que obriga a voz à lentidão que convém à lua, que parece com a lua, porque é quase circular, quase começa com a mesma letra com que termina. Quanto à bela palavra que herdamos do latim, essa que é comum ao italiano, tem duas peças, duas sílabas, o que, talvez, seja demais. Temos *lua* em português, que parece menos feliz; e *lune*, em francês, que tem algo de misterioso [...]. Em alemão, a voz lua é masculina, *Mond*. Assim Nietzsche

pôde dizer que a lua é como um monge, *Mönch*, que olha com inveja para a terra, ou um gato, *Kater*, que pisa uma tapeçaria de estrelas [...]. Cada palavra é uma obra poética (BORGES, 1980, p. 103-104).

E continua:

> A linguagem é uma criação estética. Acredito que não há nenhuma dúvida a respeito, e uma prova disso é que quando estudamos um idioma, quando estamos obrigados a ver as palavras de perto, as sentimos belas ou não. Ao estudar um idioma, a pessoa enxerga as palavras através de uma lupa, pensa "essa palavra é feia", "essa é linda", "essa é pesada". Isso não acontece com a língua materna, onde as palavras não nos parecem isoladas do discurso (BORGES, 1980, p. 105-106).

No restante de sua palestra, Borges continua lendo e comentando versos e falando da beleza da língua, do amor à língua, da felicidade da língua, e de seu trabalho de professor como o de transmitir (e compartilhar) essa beleza, esse amor e essa felicidade, isso que aparece apenas quando as palavras se isolam do discurso, tornam-se sensíveis e se expõem em sua beleza e seu mistério, ou seja, quando se tornam matéria de estudo.

Breve excurso etimológico

Tanto aprender como compreender têm relação com prender, com prisão, com presa, com predação e com depredação. Os aprendizes seriam, nessa lógica, predadores, e incitar à aprendizagem seria como incitar à caça. A aprendizagem consiste em apropriar-se de algo, e, na lógica da caça, essa apropriação é semelhante a devorar. Contudo, aprender também tem a ver com empreender e com empresa, de modo que o aprendiz é um empreendedor ou um empresário, alguém que prende alguma coisa para aprendê-la e empreender alguma coisa com ela.

Já a palavra "estudo" tem a ver com estupor, com estupefação, com algo que poderíamos relacionar com o assombro, com o pasmo e com a admiração. A palavra "estudo" vem de *stupere*, que significa ficar imóvel, derivando sua relação com *estúpido*, que significa alguém que fica parado ou é de entendimento lento. De fato, "estudo" vem do indo-europeu *(s)teu*, *stup-é*, *stup*, que tem a ver com golpear, do qual decorre a relação fônica entre *estudo* e *tunda*, *contusão* ou *contundente*. Os estudiosos e os estudantes seriam, então, os que ficam maravilhados, admirados, fascinados, imobilizados, estupefatos ou pasmos perante algo que bate neles e os paralisa.

Do ponto de vista etimológico, existem distinções no que diz respeito ao movimento (o aprendiz corre atrás de sua presa enquanto o estudioso fica quieto perante aquilo que lhe fascina), também no que diz respeito ao objeto (o objeto de aprendizagem é apropriado, devorado, e o objeto de estudo, admirado, contemplado, mantido à distância), e também, talvez, no que diz respeito à ênfase (na aprendizagem, o acento recai no sujeito, no interesse do sujeito; enquanto, no estudo, ele recai no objeto, na atenção no objeto). Poderíamos dizer que, no estudo, a caça é suspendida, interrompida, e o que poderia ter sido uma presa se torna algo tão surpreendente que faz a fome parar e a transforma em amor e contemplação. Na aprendizagem, a pessoa apropria-se das coisas; já no estudo, a pessoa se detém na sua frente, mantém distância delas (tornando-as, portanto, inapropriáveis) e se apaixona por elas. Aprender tem a ver com fazer (aprende-se fazendo e aprendendo a fazer); já estudar tem a ver com suspender o fazer e demorar em contemplar, como se a aprendizagem implicasse um sujeito agente, ativo, impaciente, depredador e empreendedor, e o estudo supusesse antes um sujeito paciente, contemplativo, pasmo e maravilhado. Aprender uma língua estaria do lado da *logo-fagia*, estudar uma língua estaria do lado da *logo-filia*. Ou, em outras palavras, a aprendizagem toma a língua como coisa para se comer ou se usar (como algo a ser apropriado e interiorizado), enquanto o estudo entende a língua como uma coisa para se olhar e admirar (algo que é mantido a uma certa distância).

Breve excurso necrológico

Em palestra proferida em Grenoble, em 1981, Pierre Bourdieu disse que:

> Interrogar-se sobre as condições de possibilidade da leitura é se interessar pelas condições sociais de possibilidade de situações nas quais se lê (e logo se vê que uma dessas condições é a *scholè*, o ócio em sua forma escolar, ou seja, o tempo de ler, o tempo de aprender a ler) (BOURDIEU, 1988, p. 116).

Em seguida, Bourdieu acrescenta que a relação escolar com a língua e, portanto, com a leitura, relaciona-se com "decifrar" ou com "estudar as palavras" em si mesmas, em uma "relação objetivante" com elas, como se as palavras pudessem ser separadas de seu uso (do que Bourdieu chama "a praxe") e a linguagem pudesse ser tratada enquanto puro texto, enquanto pura matéria de estudo. O pecado da escola, segundo Bourdieu, é a separação que introduz a respeito do "uso que fazem aqueles que o tem produzido". Ele insiste depois na necessidade de se questionar "sobre as condições desse tipo de prática que é a leitura, sobre como os leitores são produzidos, como são formados, em quais escolas, etcétera",

APRENDER/ESTUDAR UMA LÍNGUA

e, seguidamente, denuncia o que chama de "filologismo", essa atitude que consiste:

> Em se colocar na posição de um leitor que trata a língua como língua morta, como letra morta, e que compreende como propriedades da língua as que são propriedades da língua morta, ou seja, não falada, ao projetar no objeto língua a relação do filólogo com a língua morta, a do decifrador colocado na presença de um texto ou de um fragmento obscuro do qual tenta se encontrar a chave, a cifra, o código [...] O leitor é alguém que não tem o que fazer com a linguagem que toma como objeto, além de estudála. Está ali o princípio de um sesgo completamente geral que está inscrito numa relação com o objeto considerada "teórica" (BOURDIEU, 1988, p. 116).

Tentei caracterizar anteriormente o estudo da língua em uma série de citações nas quais se misturavam o tratamento escolar da língua materna com aquele recebido pelas línguas mortas e pelas línguas estrangeiras. Relacionei também o estudo da língua com a suspensão de seu uso prático. Além disso, a escola não apenas coloca a língua à disposição para o seu estudo (tornando-a matéria de estudo), oferecendo assim as condições que poderíamos considerar materiais, como também fornece os procedimentos para esse estudo, que poderíamos chamar de condições formais. Nesse sentido, os exercícios tipicamente escolares, tais como o ditado, a análise gramatical ou a redação, e os dispositivos tipicamente escolares, como os dicionários, as gramáticas e os textos canônicos ou exemplares, não seriam outra coisa senão modos de se colocar à disposição dos estudantes tanto a língua a ser estudada quanto, ao mesmo tempo, aquilo que poderíamos chamar de técnicas ou artes do estudo. Poderíamos então concordar com Bourdieu que é a escola quem fornece as condições sociais, materiais e formais para o estudo da língua, quem constitui isso que, em outro lugar, o próprio Bourdieu critica como "disposição escolástica" (BOURDIEU, 1999; para uma crítica dessa crítica, ver LARROSA, 2019, p. 154 et seq.); poderíamos concordar também que o estudo escolar da língua tem a ver com uma leitura que é também deciframento, que não pode prescindir da consideração das estruturas e dos códigos; e poderíamos concordar em que a escola estuda a língua por meio de uma relação teórica, desde que a palavra "teoria", contudo, seja entendida em seu sentido grego, isto é, enquanto contemplação atenta e deliberada, na qual não se trata de se produzir um discurso adequado sobre um objeto coisificado (no caso, sobre a língua), mas sim de tentar criar as condições para que o mundo (no caso, a língua) se revele, se deixe enxergar ou se faça presente (LÓPEZ, 2018). Por outro lado, e em relação a essa frase maravilhosa de que os que estudam a linguagem são aqueles que não têm o que fazer com ela, eu apenas diria que o estudo é precisamente isto: uma forma de fazer, que, na verdade, não faz nada, e que nesta época em que a língua está sendo reduzida a sua função comunicativa, a seus fins propagandísticos e comerciais, e está perdendo toda a capacidade de dizer, quem sabe a única coisa decente que possamos fazer com ela seja precisamente estudá-la e oferecê-la para o estudo.

Por último, e em relação a esse filologismo que, na relação com a língua, Bourdieu relaciona com necrofilia, quem sabe poderíamos relembrar, com Agamben, como a teologia cristã elaborou o modo de existência do glorioso corpo dos ressuscitados no Paraíso. O problema é a conservação dos órgãos ligados a funções vitais (especialmente o estômago e os intestinos para a nutrição, e os órgãos sexuais, para a reprodução) quando, evidentemente, não são mais necessários. Trata-se então de:

Separar o órgão de sua função fisiológica específica [...]. O órgão ou o instrumento que foi separado de sua operação e permanece, por assim dizer, em suspensão adquire, precisamente por isso, uma função ostensiva, exibe a virtude correspondente à operação suspensa [...]. A glória, nesse sentido, é solidária com a inoperância (AGAMBEN, 2011, p. 123-124).

O que a escola faria não é nos dar uma língua morta, e sim uma língua gloriosa, ou seja, uma língua que mostra suas funções mas as mostra suspensas, desfuncionalizadas ou, nos termos de Agamben, inoperantes. No estudo, a língua mostra-se em sua glória, isto é, separada de sua função vital. Porque apenas no âmbito dessa separação a língua pode se tornar "a passagem ou o 'abre-te, sésamo' de um novo uso possível" (AGAMBEN, 2011, p. 125). O estudo, aquilo que Bourdieu chama de "filologismo", não só não mata a língua, como também a libera para novos usos.

Escola e gramaticalização

A constituição da língua como matéria de estudo, a suspensão de seu uso e de sua função para que possa emergir algo tão estranho como a língua em si, remete diretamente à estrutura e às condições de possibilidade da escola (e da filosofia) desde sua invenção grega que, como é sabido, é inseparável da escrita. É difícil para nós tomar consciência da revolução que supôs o isolamento dessa entidade chamada língua que é, justamente, o que é trazido à presença no estudo. Conforme afirma Agamben:

> Platão e Aristóteles são considerados os fundadores da gramática porque sua reflexão sobre a linguagem sentou as bases sobre as quais posteriormente os gramáticos iriam construir, através de uma análise do discurso,

aquilo que chamamos de língua e interpretar o ato de palavra, que é a única experiência real, enquanto o se colocar em prática uma entidade de razão chamada língua (a língua grega, a língua italiana, etc.) [...]. E falamos "entidade de razão" porque não está claro se existe na mente, nos discursos em ato ou apenas nos livros de gramática e nos dicionários (AGAMBEN, 2017, p. 17).

Tanto a filosofia (essa outra invenção grega) como a escola se constituem nessa excisão e nessa relação fundamental e enigmática entre a língua em si e o discurso de seus falantes. Uma excisão e uma relação que Agamben remete à antropogênese:

A antropogênese não ocorreu de uma vez para sempre e de forma instantânea com o acontecimento da linguagem, com o devir falante do primeiro primata do gênero *homo*. Pelo contrário, foi necessário um paciente, secular e obstinado processo de análise, interpretação e construção do que está em jogo naquele acontecimento. Para que pudesse surgir algo como a civilização ocidental, primeiro foi necessário compreender – ou decidir compreender – que o que falamos é uma língua [...]. A civilização que nós conhecemos se baseia principalmente em uma interpretação do ato de palavra [...]. O tratado aristotélico *Sobre a interpretação*, que começa justamente com a tese acerca de que o que fazemos ao falar é uma conexão significativa de palavras, letras, conceitos e coisas, teve uma função decisiva na história do pensamento ocidental; por isso a gramática que agora se ensina nas escolas primárias foi, e em certa medida ainda é, a disciplina fundante do saber e do conhecimento (AGAMBEN, 2017, p. 18-19).

E um pouco mais adiante:

APRENDER/ESTUDAR UMA LÍNGUA

O primata que teria se convertido em *homo sapiens* – como todos os animais – já estava provido de uma linguagem, certamente diferente mas talvez não muito distinta da que conhecemos. O que aconteceu é que em certo momento – coincidente com a antropogênese – o primata do gênero *homo* tornou-se consciente de ter uma língua, isto é, a separou de si próprio e a exteriorizou fora de si como um objeto para depois começar a considerá-la, analisá-la e elaborá-la em um processo incessante – no qual foram se dando alternativamente a filosofia, a gramática, a lógica, a psicologia, a informática – que talvez ainda não tenha acabado [...]. Isso significa que o homem não é simplesmente um *homo sapiens*, mas, antes de mais nada, um *homo sapiens loquendi*, o vivente que não apenas fala, mas que sabe falar no sentido de que o saber da língua – inclusive em sua forma mais elementar – necessariamente tem que preceder qualquer outro saber (AGAMBEN, 2017, p. 25-26).

Parece compreensível então que tanto a consciência de ter uma língua como a própria possibilidade de algo como saber falar depende desse isolamento, dessa exteriorização ou dessa objetivação da língua em si própria, a qual é inseparável da escrita ou, de modo geral, da gramaticalização, isto é, da separação e da relação entre a letra (*gramma*) e a voz, ou, de modo análogo, entre a língua que está nos livros de gramática, ou nos dicionários, e aquela que está nos discursos em ato. A voz se fixa e se exterioriza na letra (a oralidade se escreve) e, ao mesmo tempo, a língua que tinha sido expulsa para o exterior se reinscreve na voz que converte já em voz articulada (a escrita se oraliza).

Como é habitual entre muitos filósofos, poderia se dizer que Agamben está falando da escola sem nomeá-la.

A escola, desde sua invenção grega, funciona mediante um ir e vir constante entre oralidade e escrita. Na escola, a voz é escrita, e a escrita é lida, oralizada, às vezes em voz alta e às vezes em forma dessa oralização interiorizada que chamamos leitura silenciosa. Apenas assim é constituído esse "saber da língua", que é condição e fundamento de todo tipo de conhecimento.

Na escola, ensina-se e aprende-se a falar, a ler e a escrever, sem que esses ensinamentos e essas aprendizagens sejam separáveis (a língua escolar está formatada pela escrita). É nela que também são ensinadas e aprendidas as linguagens próprias dos diversos saberes (a língua escolar está marcada pelas matérias escolares). Mas na escola não apenas se fala, se lê e se escreve, como também se sabe que se fala, que se lê e que se escreve. E isso não pode ocorrer sem que seja a própria língua quem se distancie, isto é, sem que se torne objeto de consideração, de análise e de elaboração através, precisamente, de sua escrita. E é isso, precisamente isso, que, segundo Agamben, está desaparecendo:

> O que agora está acontecendo perante nossos olhos é que a linguagem que tinha sido exteriorizada como a coisa – isto é, segundo a etimologia, como a "causa" – por excelência da humanidade, parece ter terminado seu percurso antropogenético e parece querer voltar à natureza da qual provém [...]. E a valorização da potência histórica da língua parece ser substituída pelo projeto de uma informatização da linguagem humana que a fixa em um código comunicativo que lembra bastante a linguagem dos animais (AGAMBEN, 2017, p. 26).

Agamben, em outros textos, também insiste que a língua, no homem, não é natural, e que essa não naturalidade se baseia, entre outras coisas, na diferença entre língua e fala.

APRENDER/ESTUDAR UMA LÍNGUA

Esse hiato é o que Agamben chama de *infância* (AGAMBEN, 2001) e ao que ele associa nada mais e nada menos do que a possibilidade da história. Mas ele esquece que é precisamente na escola onde se produz essa excisão, um espaço onde a língua não é apenas aprendida, como também, e acima de tudo, é apresentada, trazida à presença, e, portanto, desnaturalizada, exteriorizada e entregue, como língua em si, às novas gerações.

Na escola a língua não é apenas um instrumento, não é algo que se aprenda apenas enquanto uma capacidade ou uma competência (comunicativa). Para isso, para aprender a língua, a escola não é necessária. Na escola, os falantes não estão apenas unidos à sua língua, confundidos com ela (como os animais ou as máquinas), como têm a possibilidade de colocá-la em oposição a si mesmos como objeto, como escrita, ou seja, podem estudá-la.

Poderíamos dizer então, seguindo Agamben, que, na escola, o estudo separa a língua de seu uso e, precisamente por isso, faz aparecer a língua em si mesma e a abre para um novo uso possível. No estudo, trata-se de "tornar ociosa uma atividade destinada a um fim, para dispor em vista de um novo uso, que não abole o antigo, mas insiste nele e o exibe" (AGAMBEN, 2011, p. 128). Estudar uma língua é se relacionar com ela do ponto de vista de sua inoperância, isto é, suspendendo qualquer função determinada. O estudo mostra a língua desfuncionalizada, mas isso não anula sua potência, simplesmente a libera e a indetermina.

A língua estudada

Poderíamos concluir que aquilo que o estudo faz não é apenas tornar a língua sensível (como Borges sugeria nas palestras que citei anteriormente) mas, nomeadamente, torná-la consciente. Cultivar uma relação estudiosa com a língua é adotar uma disposição que tem uma dimensão filosófica e uma dimensão filológica (se é que essas duas dimensões podem ser separadas). A filosofia é uma contemplação e um estudo da língua orientado a despertar possibilidades da língua: a filosofia pensa a língua e faz a língua pensar. A filologia, por sua vez, é história da tradição e crítica do texto, ou seja, uma contemplação e um estudo da língua orientado a manter viva sua força de transmissão.

Por isso, o estudo da língua não apenas explora as possibilidades poéticas de nossa intimidade sensível com ela (sua sonoridade, sua ressonância, suas qualidades estéticas, sua força de comoção e sua beleza), como também as possibilidades teóricas de nossa capacidade de tomar distância dela, como se combinassem, do mesmo modo, tanto sua máxima proximidade quanto sua máxima longitude – o fato paradoxal de que a língua é o que temos de mais íntimo, de mais próximo, de mais próprio, mas, ao mesmo tempo, de mais longínquo e alheio.

Por último, e para fechar esta consideração do estudo da língua na qual a disposição filológica e a disposição filosófica tornam-se indiscerníveis e na qual a língua não está subordinada, como dizia Borges, aos negócios; e na qual não está morta mas liberada, como dizia Agamben, vou transcrever uma inscrição que o filólogo e filósofo Agustín García Calvo garantia ter encontrado, em grego, na porta de um centro livre de estudos que funcionou, durante um tempo, na Faculdade de Letras da Universidade de Sevilha:

> As palavras, pois, camaradas, peguemo-las e esquartejemo-las uma por uma com amor, isso mesmo, já que temos o nome de "amigos da palavra"; pois elas não têm decerto parte alguma nos males nos quais penamos dia após dia, e depois de noite nos viramos em sonhos, pois

são os homens, malamente homens, os que, escraviza-dos às coisas e ao dinheiro, também escravizadas têm às palavras em seu uso. Mas elas, contudo, incorruptas e benignas: sim, é verdade que por elas esta ordem ou cosmos está urdido, enganos variegados todo ele; mas sim, analisando-as e soltando-as, podemos deixá-las obrar livres alguma vez; no sentido inverso vão desman-chando suas próprias enganações, igual que Penélope apaziguava durante o dia os senhores com esperanças, mas, por sua vez, de noite, tornava-se para o verdadeiro (García Calvo, 1973, p. X).

Referências

AGAMBEN, G. *Autorretrato en el estudio*. Buenos Aires: Adriana Hidalgo, 2018.

AGAMBEN, G. *Desnudez*. Barcelona: Anagrama, 2011.

AGAMBEN, G. *Infancia e historia*. Buenos Aires: Adriana Hidalgo, 2001.

AGAMBEN, G. *¿Qué es la filosofía?* Buenos Aires: Adriana Hidalgo, 2017.

ALBA RICO, S. *Leer con niños*. Barcelona: Mondadori, 2015.

ARENDT, H. La crisis en la educación. *In: Entre el pasado y el futuro*. Barcelona: Península, 1996. p. 185-208.

BIESTA, G. Good education in an age of measurement: On the need to reconnect with the question of purpose in education. *Educational Assessment, Evaluation and Accountability*, v. 21, n. 1, p. 33-46, 2009. Disponível em: https://doi.org/10.1007/s11092-008-9064-9. Acesso em: 3 set. 2022.

BORGES, J. L. *Siete noches*. México: Fondo de Cultura Económica, 1980.

BOURDIEU, P. *Cosas dichas*. Barcelona: Gedisa, 1988.

FERNÁNDEZ LIRIA, C.; GARCÍA FERNÁNDEZ, O.; GALIN-DO FERNÁNDEZ, E. *Escuela o barbarie*: entre el neoliberalismo salvaje y el delirio de la izquierda. Madri: Akal, 2017.

GARCÍA CALVO, A. *Lalia*: ensayos de estudio lingüístico de la sociedad. Madri: Siglo XXI, 1973.

JORGE Luis Borges: Siete Noches – La Ceguera (Conferencia). [Palestra proferida no teatro Coliseo]. Buenos Aires, 3 ago. 1977. Disponível em: https://www.youtube.com/watch?v=LLjd2eo62II. Acesso em: 3 set. 2022.

LARROSA, J. *Esperando no se sabe qué*: sobre el oficio de profesor. Barcelona: Candaya, 2019.

LARROSA, J.; RECHIA, K. *P de profesor*. Buenos Aires: Noveduc, 2018.

LÓPEZ, M. Filmar la escuela. Teoría de la escuela. *In*: LARROSA, J. (Ed.). *Elogio de la escuela*. Buenos Aires: Miño y Dávila, 2018.

MACCLINTOC, R. Towards a place for study in a world of instruction. *Teachers College Record*, v. 73, n. 2, p. 161-205, 1971.

MASSCHELEIN, J.; SIMONS, M. La lengua de la escuela. ¿Alienante o emancipadora?". *In*: LARROSA, J. (Ed.). *Elogio de la escuela*. Buenos Aires: Miño y Dávila, 2018. p. 19-40.

MASSCHELEIN, J.; SIMONS, M. The Learning Society and Governmentality: An Introduction. *Educational Philosophy and Theory*, v. 38, n. 4, p. 471-430, 2006. Disponível em: https://www.tandfonline.com/doi/abs/10.1111/j.1469-5812.2006.00202.x?cookieSet=1. Acesso em: 3 set. 2022.

MASSCHELEIN, J.; SIMONS, M.; LARROSA, J. The matter with/of school. Storylines of the scholastic fable. *In*: MAYER, R.; WITTING, S. (Eds.). *Jacques Rancière*: Pädagogische Grenzgänge. Nova York: Springer, 2019. p. 135-153. Disponível em: https://doi.org/10.1007/978-3-658-24783-6_6. Acesso em: 3 set. 2022.

NABOKOV, V. *Curso de literatura europea*. Barcelona: Ediciones B, 1997.

QUIGNARD, P. *Pequeños tratados*. México: Sexto Piso, 2016. v. II.

RANCIERE, J. École, production et egalité. *In*: *L'école de la démocratie*. Paris: Ediling, 1998. p. 32-45.

SIMONS, M. Learning as investment: Notes on governmentality and biopolitics. *Educational Philosophy and Theory*, v. 38, n. 4, p. 524-540, 2006. Disponível em: https://doi.org/10.1111/j.1469-5812.2006.00209.x. Acesso em: 3 set. 2022.

SIMONS, M.; MASSCHELEIN, J. *Defensa de la escuela*. Una cuestión pública. Buenos Aires: Miño y Dávila, 2014.

SIMONS, M.; MASSCHELEIN, J. Education in times of fast learning: the future of the school. *Ethics and Education*, v. 10, n. 1, p. 84-95, 2015. Disponível em: https://doi.org/10.1080/17449642.2014.998027. Acesso em: 3 set. 2022.

SIMONS, M.; MASSCHELEIN, J. From Schools to Learning Environments: the Dark Side of Being Exceptional. *Journal of Philosophy of Education*, v. 42, n, 3-4, p. 687-704, 2008b. Disponível em: https://doi.org/10.1111/j.1467-9752.2008.00641.x. Acesso em: 3 set. 2022.

SIMONS, M.; MASSCHELEIN, J. Some notes on the University as Studium: A place of Collective Public Study. *In*: RUITEMBERG, C. (Ed.). *Reconceptualizing Study in Educational Discourse and Practice*. Nova York: Routledge, 2017. p. 40-53. Disponível em: https://doi.org/10.4324/9781315652214-4. Acesso em: 3 set. 2022.

SIMONS, M.; MASSCHELEIN, J. The governmentalization of learning and the assemblage of learning apparatus. *Educational Theory*, v. 58, n. 4, p. 391-415, 2008a. Disponível em: https://doi.org/10.1111/j.1741-5446.2008.00296.x. Acesso em: 3 set. 2022.

SLOTERDIJK, P. *Venir al mundo, venir al lenguaje*. Valencia: Pre-textos, 2006.

WILLIAMS, R. *Keywords*. A vocabulary of Culture and Society. Nova York: Oxford University, 1976.

O estudo como cuidado do mundo

Diego Tatián

Um

Uma definição imediata da expressão "cuidado do mundo" traz à tona um conjunto de ocupações e de reticências de cunho conservacionista que apresenta uma relevância pública e um significado ético-político, que não apenas se inscrevem, portanto, na tarefa de preservar, em sua fragilidade, os organismos, os corpos e as coisas como também envolvem a vida ativa:

> [...] uma atividade da espécie que abrange tudo aquilo que fazemos para manter, continuar e reparar nosso "mundo" de modo a podermos viver nele o melhor que for possível. Esse mundo inclui nossos corpos, nossos seres e nosso entorno [...] Em uma complexa rede de sustentação da vida" (TRONTO, 1993 *apud* MUÑOZ, 2012, p. 463).

Uma vez pressuposta essa definição elementar, sem a qual nenhuma outra coisa poderia ocorrer, a indagação que é proposta aqui estende a expressão "cuidado do mundo" a formas da experiência humana excedentes e irredutíveis à tarefa de conservar os seres e as coisas que estão ameaçadas de destruição e à sustentação/manutenção da vida humana e natural em seu sentido mais primário.

COLEÇÃO "EDUCAÇÃO: EXPERIÊNCIA E SENTIDO"

A temática arendtiana do *care* tem sua inspiração e sua raiz na *Sorge* heideggeriana – provavelmente de proveniência aristotélica e talvez estoica, por sua vez –, particularmente nos seminários da década de 1920 e em *Ser e tempo*,[1] de importância fundamental para a formação do pensamento arendtiano. Todavia, essa inspiração deriva em um trânsito do que poderíamos chamar cuidado como estrutura fundamental do *Dasein*, a respeito do qual o mundo é um modo de ser,[2] cuidado enquanto ação humana que tem o mundo como objeto.

---

[1] Franco Volpi, entre outros estudiosos da obra inicial de Heidegger, mostrou que o pensamento de Aristóteles estava no centro da escola filosófica que viria desaguar em *Ser e tempo*. Embora o filósofo alemão, nos primeiros anos da década de 1920, dedique seminários a *De anima*, à *Ética nicomáquea* e à *Retórica*, seu aristotelismo deve ser buscado menos em textos explicitamente dedicados a Aristóteles do que em uma apropriação elaborada de seus conceitos. Para Volpi, Heidegger teria colocado Aristóteles no centro de sua disputa com Husserl: antes do que pela *theoría*, o *Dasein* descobre a entidade por meio da *actic* e da *poiesis* (ciente da preponderância que seu mestre tinha conferido à categoria de teoria). Na mesma linha – acentuando sua distância com Husserl –, o primeiro curso de Friburgo foca em uma "hermenêutica da acticidade" com base em uma interpretação do cristianismo primitivo. Essa contraposição entre Aristóteles e Husserl estaria na base da distinção dos três modos fundamentais do ser em *Ser e tempo*: o ser aí (*Dasein*); o ser utilizável (*Zuhandenheit*), e a simples presença (*Vorhandenheit*). Esses três conceitos teriam um paralelo com a *praxis*, a *poíesis* e a *theoría*, respectivamente – seriam, portanto, conceitos aristotélicos apropriados por Heidegger. A determinação fundamental do *Dasein* se apreende, assim, a partir não só de uma compreensão de seu modo de ser como ser prático, mas também do caráter prático do cuidado (*Sorge*), o qual dissipa qualquer interpretação "existencialista". A operação filosófica de Heidegger consistiria, pois, em elevar os conceitos práticos aristotélicos a uma dimensão ontológica (cf. VOLPI, 2012; 2006).

[2] No § 42 de *Ser e tempo*, Heidegger lembra a fábula 220 de Higino: "A seguinte autointerpretação do 'ser aí' enquanto 'cura' está sedimentada em uma velha fábula: [...] 'Certa vez Cura chegou a um rio e viu torrões de argila. Pensativo, pegou um pedaço e começou a modelar. Enquanto refletia sobre o que tinha feito, Júpiter se aproximou. Cura pediu a ele

O ESTUDO COMO CUIDADO DO MUNDO

No curso de 1923 em Friburgo sobre *Ontologia: Hermenêutica da faticidade*, Heidegger considerava mundo (que é sempre *Mit-Welt*, mundo comum) como "aquilo que acontece" (*begegnen*), ou seja, aquilo que vai ao encontro e aparece "enquanto *aquilo do qual nos cuidamos, ao qual atendemos*". Não se trata de um conjunto de fatos físicos que já estão aí, mas sim de uma abertura significativa na qual as coisas aparecem. "O verdadeiro modo do próprio ser no mundo é cuidar, atender, quer seja fabricar, atender os negócios, quer tomar posse de algo, impedir, preservar de danos ou perdas [...]" (HEIDEGGER, 1999, p. 130). Poderíamos incluir nessa sequência o verbo "estudar"? Vamos adiar essa interrogação,

que infundisse espírito ao pedaço de argila modelado. Júpiter aquiesceu aprazido. Mas, quando Cura quis dar seu nome à sua obra, Júpiter proibiu-lhe de assim fazer, dizendo que seria o nome dele que deveria ser dado. Enquanto Cura e Júpiter litigavam sobre o nome, a Terra (*Tellus*) se ergueu e pediu que a obra recebesse seu nome, uma vez que era ela quem tinha cedido a ela um pedaço de seu corpo. Os litigantes escolheram Saturno como juiz. E Saturno deu-lhes a seguinte sentença, evidentemente justa: "Por você, Júpiter, ter colocado seu espírito, ele hás de receber à sua morte; por você, Terra, ter oferecido seu corpo, hás de receber o corpo. Mas por Cura ter sido o primeiro a dar forma a esse ser, enquanto vivo, seja Cura quem o possua. E quanto ao litígio sobre o nome, receba o nome de *homo*, uma vez que ele é feito de *humus* (terra)'. Esse testemunho pré-ontológico ganha uma especial significação não apenas pelo fato de ele enxergar na 'cura' aquilo a que está entregue o 'ser aí' humano 'durante sua vida', como também por essa primazia da 'cura' aparecer em conexão com a conhecida concepção do homem como aquele composto de corpo (terra) e espírito. [...]: essa entidade tem a 'origem' de seu ser na cura. [...]: a entidade não é abandonada por essa origem, mas retida, dominada por ele enquanto essa entidade 'é no mundo'. O 'ser no mundo' tem a marca 'entiforme' da 'cura'. Essa entidade recebe Seu nome (*homo*) não pelo seu ser, mas por aquilo do que é feito (*humus*). A sentença de Saturno diz onde há de ser visto o ser 'original' dessa obra: no 'tempo'. A definição pré-ontológica da essência do homem na fábula fixou previamente seu olhar, segundo isso, naquela forma de ser que domina sua passagem temporária pelo mundo" (HEIDEGGER, 1974, p. 218-219).

111

apenas para dizer por ora que o cuidar e o cuidado são inerentes ao "mundo", concebido consequentemente enquanto aquilo do qual nos cuidamos e aquilo que atendemos, pelo qual nos ocupamos e nos preocupamos.

Na última página do curso, Heidegger escreve:

> (Tenho que terminar aqui). Partindo dessa caracterização da existência do mundo, seria necessário explicar em que sentido a curiosidade (*cura* – *curiositas*) é um modo de cuidar. Como essa curiosidade, em sua realização expressa, não suprime aquilo que é dado como pressuposto de existir, mas o reforça e intensifica. E assim faz porque o cuidado da curiosidade se acoberta a si próprio constantemente [...]. É necessário entender que o fenômeno do cuidado é um fenômeno fundamental da existência [...]. Apenas partindo-se dele é possível explicar como [...] o cuidado de simplesmente se enxergar e de simplesmente se perguntar fundamentam-se no ser da existência humana (1999, p. 132).

A questão da "curiosidade" enquanto forma imediata de cuidado é introduzida aqui de modo raso e apenas esboçado. Sua explicitação ontológico-existencial terá lugar no § 36 de *Sein und Zeit, Die Neugier* (p. 170-172).[3] É lá que Aristóteles, Parmênides e Agostinho (no contexto de sua exegese da concupiscência nas *Confissões*) se encontram para refletir a respeito da centralidade da visão no regime cotidiano de compreensão – afetado pela instabilidade (*Umweilen*), pela distração (*Zerstreuung*) e pela impermanência (*Aufenthaltslosigkeit*). Enquanto possibilidade existencial da cotidianidade, a curiosidade não será aqui objeto de crítica nem será caracterizada

---

[3] Sobre essa passagem, conferir o minucioso livro de Jean Greisch, *Ontologie et temporalité. Esquisse d'une interprètation intégrale de Sein und Zeit*. Paris: PUF, 1994. p. 221-223.

como indício de decadência histórico-cultural. Sua contra-posição ao "assombro" filosófico, todavia, registra sua transitoriedade, sua incapacidade de demorar e de permanecer, sua ausência de plenitude – não desvinculada dessa outra forma do ser cotidiano do aí que, no § 35, Heidegger tinha designado como *Das Gerede* (o falatório) e, além disso, como fundamento da vida inautêntica.

Explicitada brevemente esta proveniência conceitual, com paradas nas estações de Heidegger e Arendt, a expressão "estudo como cuidado do mundo" dá uma guinada e toma uma direção própria. Cuidado do mundo busca significar aqui interrupção do "mundo" no sentido fático-positivista, no qual mundo, portanto, não equivale ao conjunto de tudo que há, mas traz à tona uma excedência e a abertura que o torna possível. Assim, mundo é também aquilo que não há, o ausente, o que falta – por estar retraído, encontrar-se escondido ou não ter sido inventado ainda; o possível, o perdido, o que se subtrai ou não se mostra (o ex-óptico). O estudo como cuidado do mundo compreendido desse modo – no qual, portanto, mundo não é um conceito físico mas fenomenológico, o "imaginário" – inclui a *pietas* e, ao mesmo tempo, a inadequação crítica. Diferentemente da Terra ou do Universo, o mundo é aquilo que é indeterminado e que a cada nova geração precisa ser concebido e criado. Um existenciário, ou – numa nomenclatura diferente – um conceito forjado pela "imaginação radical" que se estende em direção a uma "pluralidade irrepresentável" e sem totalidade. Aquilo que é evocado em *Mateus* 13, 35 – e em *Salmos* 78, 2 – com a expressão "as coisas ocultas desde a criação do mundo" (que nos é legado, além de enquanto lugar de perda, enquanto reservatório de objetos perdidos), impele a conceber o estudo como desejo de achados, ou enquanto peregrinação intelectual, cultural, filosófica, religiosa e pedagógica.

Expressões como "ler o livro do mundo", "compreender o mundo", "transformar o mundo" ou "cuidar o mundo" abrem a tarefa para uma complexidade irredutível àquilo que já está aí, presente e ao alcance das mãos, àquilo que pode ser compreendido por todos e por todos da mesma maneira – o que reverteria exatamente em uma perda do mundo. Com efeito, mundo não é um conceito autoevidente nem um sistema de evidências disponíveis, porém uma opacidade e uma indeterminação que revelam seu significado à experiência apenas em função de um trabalho e como resultado de uma *praxis*. Sem essa experiência assim constituída, não haveria mundo no sentido pleno. A política, o conhecimento e a transmissão do conhecimento, a arte e o pensamento são formas de cuidado do mundo se nos atentarmos para aquilo que não está aí, aquilo que não há, aquilo que existiu outrora e se perdeu, ou aquilo que está por vir. Também para aquilo que é singular e aquilo que é raro. Cuidado do mundo, pois, como interrupção do circuito estabelecido pelos significados impostos por aquilo que venceu – aquilo que normalmente chamamos "realidade". No jogo da linguagem que se busca propor, mundo é aquilo que faz um buraco na realidade, o que nos permite entrever por trás dela, aquilo que a destotaliza e a mantém no abismo.

Cuidado, portanto, enquanto proteção daquilo que está sob ameaça por frágil, também como memória daquilo que se perdeu efetivamente e enquanto preservação da pergunta a respeito daquilo que difere ou chega de outro lugar. Mas, também, seria necessário averiguar o sentido subjetivo do genitivo: cuidado *do mundo*. Mundo como algo de que cuidar e, ao mesmo tempo, enquanto algo em relação ao com que se tomar cuidado. Talvez um elogio do estudo deveria manter juntos ambos os sentidos. Para tanto – considerando de perto o grande trabalho de história conceitual realizado por

O ESTUDO COMO CUIDADO DO MUNDO

Blumenberg na terceira parte de *Die Legitimität der Neuzeit* –, retomamos a questão da curiosidade (a partir do alojamento lexical de *cura* em *curiositas*) enquanto paixão mundana por excelência, porém reivindicada aqui como núcleo afetivo do estudo, o qual reverte em uma ação deliberada e lúcida.

Dois

Segundo a lenda mais antiga, o doutor Johann Fausto abandonou a teologia, "tornou-se um homem de mundo, intitulou-se a si mesmo doutor em medicina, tornou-se astrólogo e matemático e, aparentemente, tornou-se médico". Além disso, "predispôs-se a amar o que não deve ser amado [...] quis investigar as causas do céu e da terra. Posteriormente a curiosidade, a liberdade e a leveza o incitaram, o estimularam a pôr em ação e provar durante um tempo os vocábulos, as figuras, os caracteres e os conjuros mágicos para convocar o Diabo perante si".

Assim começa a anônima *História do doutor Fausto*, impressa por Johann Spies em Frankfurt, em 1587. Desde então, ganhou muitas versões (Marlowe, Lessing, Goethe...).[4] Por meio de um pacto escrito com sua própria mão, Fausto aceita se submeter a Mefistófeles após 24 anos de "vida epicurista" nos quais será "informado e ensinado" por ele (HISTORIA..., 1997, p. 37-38). O relato é encerrado com uma "*Oratio Fausti ad Studiosos*" em que, uma vez já tendo cumprido o tempo combinado, arrependido, profere um discurso moral perante aqueles que consagram sua vida ao

---

[4] Heidegger menciona a de Goethe em uma nota do § 42 de *Ser e tempo*, justamente na qual relata a fábula de Higino, que reconhece ter encontrado no artigo de K. Burdach "Faust und die Sorge" – em que se "mostra que Goethe tomou a fábula da Cura de Herder e a reformulou para a segunda parte de seu Fausto [...]" (HEIDEGGER, 1974, p. 219).

115

estudo. A violência do final consuma a obra do demônio: "Quando começou o dia, depois de terem passado os estudantes a noite inteira sem dormir, foram para o quarto em que Fausto estivera; mas não o viram mais, aliás viram um quarto sujo com respingos de sangue. Havia restos de miolos grudados nas paredes, porque o Diabo o tinha golpeado contra ambas as paredes. Estavam também por lá seus olhos e alguns dentes: um horrível, atroz espetáculo" (p. 182).

A tradição filosófica – de certo modo consumada pelo § 36 de *Ser e tempo* – nunca deixou de fazer advertências contra a curiosidade, considerada como a paixão de saber autonomizada do preceituário imposto pela *meditatio mortis* – e da qual Fausto é seu maior emblema. Enquanto desvio que afasta de Deus e do pensamento de Deus, a curiosidade é habitada por um impulso diabólico, isto é, pela paixão que se deixa afetar pela multiplicidade sem síntese, abismada na péssima infinitude sem plenitude possível: *dia-ballein*: que separa e opõe. Na língua grega, o antônimo de *symbolon* é, pois, *diabolos* (*dia-ballo*: divergir, impossibilidade de unir, discordar, produzir pluralidade irreversível). Diabólico enquanto aquilo que é impossível de ser representado, quer no sentido de formar uma imagem de si, quer no sentido de ser representado por outrem. Pura multiplicidade sem reconciliação, argui-se costumeiramente, por exemplo, a respeito da essência diabólica da política por ser o âmbito de uma pluralidade que nunca deixa de ser tal, uma multiplicidade sem síntese a despeito dos mecanismos de delegação, a despeito dos procedimentos que preveem a instituição de representantes, e a despeito da produção de representações teóricas que buscam uma decodificação e uma impossível interpretação de sua realidade (ESPOSITO, 1996, p. 29).

A curiosidade também se encontra abismada por uma multiplicidade diabólica. Fascinado por essa voluptuosidade

O ESTUDO COMO CUIDADO DO MUNDO

do espírito, Agostinho fala de *cupiditas scientiae* e denuncia a *"curiosa peritia"* daqueles que "contam as estrelas do céu e as areias do mar, medem as regiões do céu e investigam o curso dos astros" (Agostinho, 1929, p. 195) – desde tempos imemoriais, a navegação e a astronomia, a embarcação e o telescópio são as maiores expressões dessa paixão de curiosidade atraída pelo desconhecido que guardam o céu e o mar. Entendida como *desiderium oculorum* ("a concupiscência dos olhos torna os homens curiosos" – *De Vera Religione*, 38) e *vana cupiditas*, é incluída no catálogo de vícios e tratada explicitamente no capítulo 35 do livro décimo das *Confissões*.[5] A curiosidade enquanto *libido sciendi* – a qual fará parte em Pascal das três concupiscências: *libido sentiendi, libido sciendi* e *libido dominandi* –, origina-se no que o *Evangelho de João* 2, 16 chamara de *concupiscentia oculorum* ("porque tudo que há no mundo – os desejos da carne, os desejos dos olhos e a soberba da vida – no provém do Pai [...]"), isto é, na tentação de olhar, a qual tornou a mulher de Lot estátua de sal e levou Eurídice a desvanecer perante o desespero de Orfeu, que tinha olhado para trás sem querer.

São Bernardo afirmava que *"Primus superbiae gradus est curiositas"*, e ela foi por uma longa tradição afastada da árvore

---

5 "[...] além da concupiscência da carne (*concupiscentiam carnis*) que consiste na deleitação de todos os sentidos e voluptuosidades... há uma vã e curiosa concupiscência, paliada com o nome de conhecimento e ciência, que se encontra na alma através dos mesmos sentidos do corpo e que consiste não em se deleitar na carne porém em experimentar coisas pela carne... [diferentemente do deleite por coisas belas] a curiosidade faz suas procuras nas coisas que lhes são contrárias... pelo prazer de experimentar e conhecer. Porque, qual o deleite em se contemplar em um cadáver despedaçado aquilo que nos apavora? E, todavia, se tiver algum jazendo em algum lugar, as pessoas acudirão a ele para entristecer e empalidecer", movidos por um desejo "insano e vão" de conhecer, esse mesmo desejo que é despertado pelos "monstros" no teatro e pelos "secretos da natureza" (AGOSTINHO, 1929, p. 438-439).

da vida e vinculada à árvore da ciência do bem e do mal. Trata-se de uma forma de "saber" libidinal, vinculada ao desejo, à volúpia e à concupiscência, condenada enquanto uma paixão inscrita no reino da sedução.

Polypragmosýne (ocupar-se de muitas coisas sem ordem), *polymathia periergía* (ter curiosidade por muitos assuntos) são nomes – também pejorativos – que a Antiguidade pagã dava à curiosidade do espírito que busca saber sem ter para quê, motivada apenas por um bizarro interesse humano naquilo que não lhe diz respeito – "esse prazer inextinguível que impulsiona o conhecimento das coisas", do qual Cícero fala em *De finibus* 4, 12, mas que define positivamente – ou seja aristotelicamente –, em *De officiis I* 6, 18, como "desejo de conhecimento e de ciência" (*cognitionis et scientiae cupiditatem*). *Periergía* exprime uma aspiração sempre insatisfeita de conhecimentos mais extensos e variados; é uma paixão vã que não conduz a nenhuma regra de vida nem resulta em sabedoria; um impulso que desintegra, que parte para todas as direções sem limites e sem ordem. Seu método é a coleção, a proliferação sem fim e sem plenitude possível. Descomedimento que se abisma no ilimitado. *Böse Unendlichkeit*. Infinitude do desejo que transborda a forma do conhecimento e o arrasta para fora dos limites da boa vida. Diferentemente do sábio, o curioso não se submete a nenhum método; abandona-se ao prazer de ler, de pesquisar, de colecionar, sem uma consciência clara dos limites impostos ao conhecimento humano pela finitude. Para além disso, o curioso ignora o que o saber que ele persegue contém, assim como quais serão os efeitos de alcançá-lo; trata-se da lição de Pandora e do *Gênesis* – Pandora e Eva são irmãs na culpa e responsáveis pelo desdobramento do mal nas gerações subsequentes – e também – embora nesse caso os males não se abatam sobre o mundo mas sobre ele – de Édipo, de quem, em seu *Tratado sobre a curiosidade*, Plutarco afirma:

"A curiosidade trouxe grandes males a Édipo, pois querendo saber quem era... Quando parecia ser muito feliz, quis buscar-se a si próprio". Esse teria sido o caso de Ulisses se não tivesse tomado a precaução de fazer com que lhe amarrassem; de fato, segundo é possível ler em *As argonáuticas*, de Apolônio de Rodes, foi o destino do rei siciliano Butes – quem, diferentemente de Ulisses, ao ouvir o canto saiu de onde estava e se jogou no escuro mar (QUIGNARD, 2011).

Não apenas a cegueira em relação àquilo que persegue e às consequências que acarreta fazê-lo, como também a *vanitas* afetam irremissivelmente a curiosidade; com efeito, o grande tema filosófico da vaidade foi classicamente considerado a motivação secreta da vida dedicada ao estudo: suas razões inconfessáveis seriam o desejo de glória, o apetite por riqueza, o anseio de reconhecimento.

Três

Na terceira parte ("O processo da curiosidade teórica") de seu notório livro *A legitimidade dos tempos modernos*, após uma minuciosa arqueologia filosófica do conceito, Hans Blumenberg conta a história da reabilitação da curiosidade teórica (*theoretischen Neugierde*) enquanto trânsito da curiosidade ingênua (expressa paradigmaticamente na primeira linha da *Metafísica* aristotélica) para a curiosidade autoconsciente: "Na idade moderna surge, na consciência humana, um nexo indissolúvel entre a compreensão histórica do homem e a realização do conhecimento científico enquanto confirmação do direito a uma curiosidade teórica ilimitada" (2008, p. 232), em que "ilimitada" significa não subordinada à divindade – no sentido estabelecido por Agostinho ou Tertuliano (quem escreve em *De praescriptionum haereticorum* que "depois de Cristo, a curiosidade não é mais de nenhuma utilidade... Seu exercício nos é proibido após o Evangelho ter nos sido anunciado") – nem à autoridade dos Antigos.

De modo paralelo ao trânsito do "universo fechado para o universo infinito", o processo desencadeado pela legitimação da *curiositas* (Leonardo, Bruno, Fontenelle, Galileu, Bacon...) destrói a velha oposição tomista que distinguia cuidadosamente *studiositas* e *curiositas*. Enquanto virtude concebida como moderação no desejo de saber, a *studiositas* fazia parte da velha temperança,[6] ao passo que, como "inquietação errante do espírito", a *curiositas* é avatar da intemperança e autonomia do desejo que se orienta a um conhecimento vão e que "envaidece" (p. 167).

Enquanto afeto íntimo do estudo e da forma de vida devotada ao estudo que considera o próprio mundo um gabinete de curiosidades (*Wunderkammern, Cabinets de curiosités, mirabilia*) –, ou seja, enquanto *affectum mundi*, abertura para o achado, desejo de curiosidades, de *curiosa* ("curiosas" podem ser tanto as pessoas como as coisas) –, a curiosidade é uma paixão antinarcisista (porém, será que existe uma "curiosidade de si" – uma *curiositas sui* derivada da *cura sui*?), que, sensível à vastidão do múltiplo, liberta da autorreferência como forma extrema de vaidade e do autointeresse egoísta na medida em que o desejo de saber coisas "inúteis" é irredutível a uma funcionalidade puramente biológica, nos leva para fora do reino da necessidade e se desvia do necessário

---

[6] "A temperança tem como missão moderar o movimento do apetite, no intuito de que não tenda com excessiva veemência para o objeto que naturalmente lhe apetece. E, assim como ao homem, em conformidade com sua natureza corporal, apetece-lhe naturalmente o prazer dos objetos venéreos e dos alimentos assim, em conformidade com sua natureza espiritual, deseja ele conhecer. 'Todos os homens naturalmente desejam conhecer' disse Aristóteles. E, para moderar esse apetite, precisamos da estudiosidade" (São Tomás de Aquino, *Summa Theologiae*, II-IIae, Secunda secundae, q. 166 a. 2 Corpus).

para a sobrevivência. O estudioso não é um individualista possessivo do saber que acumula conhecimentos para o seu investimento se for necessário; antes, a curiosidade que habita nele se refere ao mundo, a seus objetos naturais e culturais não enquanto objetos de consumo, mas sim enquanto objetos em si, e se inscreve na ordem da gratuidade. Pelo contrário, a falta de curiosidade, motivada quer por uma indiferença a respeito do que não reverte em benefício próprio, quer pela preponderância do desejo de reconhecimento e superioridade, ou pelo culto de si, é um efeito do narcisismo. Subtraída assim de sua estigmatização por parte da cultura clássica e cristã, a curiosidade reside no próprio cerne da vida estudiosa – e da vida estudante.

Quatro

O *Dicionário etimológico* de Corominas define *studium* como "engajamento, zelo, ardor, diligência" [o verbo intransitivo *studeo* significa "dedicar-se"]. O da Real Academia Espanhola define *estudio*, em sua primeira acepção, como: "Esforço que o entendimento faz ao engajar-se em conhecer alguma coisa; especialmente trabalho utilizado em aprender e cultivar uma ciência ou uma arte". Essa definição está próxima da representação que vem à mente de qualquer um logo após escutar a palavra. Mas o dicionário de latim inclui também uma acepção estranha: "parcialidade política". É, por exemplo, esse sentido que se encontra na célebre expressão que Tácito escreve no início dos *Anais*: *Sine ira et studio* "Sem ódio e sem parcialidade (ou favoritismo)" (Tácito, *Anales 1*, 1, 4). Essa ambivalência entre equanimidade e parcialidade contida na palavra *studium* será considerada como o indício linguístico que, para além de qualquer etimologia, expressa uma tensão que está na coisa em si. Existe, em qualquer circunstância, uma dimensão política do estudo.

A expressão "desejo de estudar" articula dois termos que designam a mesma coisa, porquanto *studium* significa "desejo" (ardor, anseio). Mas, diferentemente do *conatus*, ou do *desiderium*, trata-se de um desejo que dá conta de si. O verbo *studeo* significa "gosto", ter gosto por algo ou desejo de algo [p. ex. *studeo tuí*]. De *studeo* deriva *studium* (palavra por meio da qual Cícero traduz a palavra grega *stoudé*): desejo de estudar. Tem uma dimensão claramente afetiva, desejante e política do *studium*; ao mesmo tempo, *desiderium* tem um elemento especulativo.[7]

Uma evocação desse desejo reside na força ou inclinação à que Aristóteles faz referência na primeira linha da *Metafísica*, na qual lemos que o homem é um ser cuja natureza o

---

[7] O verbo *desidero* deriva do substantivo *sidus* (mais usado no plural *sidera*), que significa figura formada por um conjunto de estrelas, isto é, "constelação". *Sidera* faz referência aos astros e na teologia astral ou na astrologia é o termo empregado para se fazer referência à influência dos astros sobre o destino humano – cuja derivação *sideratus* significa "fulminado por um astro". De *sidera* vem *considerare* – examinar com cuidado, respeito e veneração – e *desiderare*, cujo significado estrito é "parar de olhar os astros". Pertencente ao campo de significações da astrologia, *desiderium* se insere na trama de intermediários entre Deus e o mundo dos entes materiais (corpos e almas habitantes de corpos). Para o corpo astral, nosso destino está inscrito e escrito nas estrelas, e *considerare* é consultar nas alturas para encontrar lá o sentido e guia de nossas vidas. *Desiderare* (palavra com o prefixo negativo "de" e equivale a "des-astre") significa, pelo contrário, ter sido despojado dessa referência, abandonar o céu ou ser abandonado por ele. Baixar o olhar, parar de olhar os astros, *desiderium* é a decisão de tomar nosso destino em nossas próprias mãos, e assim o desejo é chamado de "vontade" consciente nascida da deliberação. Ao afastar o olhar dos astros (lembremos que, por não ter assim feito, Tales caiu num poço perante a zombaria da garota trácia), *desiderium* conota uma perda, uma privação de saber a respeito do destino, a captura na incerta roda da fortuna. O desejo resulta, dessarte, em carência, em um vazio que pende para fora de si (CHAUÍ, 2011, p. 15-16).

impulsiona à lucidez, ao conhecimento, ao saber. "Todos os homens, por natureza, desejam conhecer (*pántes ánthropoi tou eidénai orégontai physei*). Prova disso é a estimação com que contam os sentidos que, independentemente de sua utilidade, nos fornecem conhecimentos, principalmente o sentido da visão". Reverte essa inclinação natural pelos sentidos seja qual for sua utilidade em um "desejo de *theoría*" (Aristóteles fala do "prazer do pensamento"), em um "desejo de estudar"?

Em Crátilo (399c), Platão afirmara algo semelhante ao estabelecer a etimologia de *ánthropos*. Nessa passagem, lemos que "esse nome *ánthropos* significa que os outros animais não observam nem refletem nem 'examinam' (*anathreî*) nada daquilo que veem; já o ser humano, ao mesmo tempo que vê – e isso significa *ópope* – também examina e raciocina sobre tudo aquilo que viu. Daí que só o ser humano, dentre os animais, tenha recebido corretamente o nome de *ánthropos*, porque 'examina aquilo que vê' (*anathrôn hà ópope*)". Esse impulso natural em direção ao conhecimento, essa curiosidade elementar e essa potência de exame sensível que se deixa afetar por aquilo que foi visto (definitória do fato de ser humano até o ponto de estar inscrito na palavra que o designa, segundo Platão) constitui-se em estudo, mantém as coisas no começo do mundo ao mesmo tempo que – ou certamente por isso – adota um caráter crítico enquanto força desideologizadora – torna-se *bíos*, uma forma de vida – quando o cuidado assume um caráter emancipatório e uma desnaturalização dos sistemas de dominação com os quais se confronta. Essa potência libertária promete o estudo dos livros antigos em Maquiavel, e também em Étienne de la Boétie (2011, p. 40-41), tocado como ninguém pelo enigma da servidão humana.

> De modo que – conforme ele escreveu – a primeira causa da servidão voluntária é o costume [...]. Porém, sempre haverá alguns que, mais audazes e inspirados

que outros, sentem o peso do jugo e não podem deixar de tentar livrar-se dele; alguns que não se habituam nunca à serem submetidos e sempre e incessantemente (do mesmo modo que Ulisses procurando por terra e por mar ver novamente seu lar) estão lembrados de seus direitos naturais e estão prestes a reivindicá-los em todas as ocasiões [...] recordam coisas passadas para melhor julgar o presente e prever o porvir. São eles que, já com o espírito bem formado, o cultivaram também através do estudo e do saber. Quando a liberdade estiver completamente perdida e excluída deste mundo, serão eles que a invocarão novamente, pois ao senti-la com intensidade, ao tê-la provado e ter conservado seu germe no espírito, jamais poderiam ser seduzidos pela servidão, por mais disfarçada que ela for.

Para Étienne de la Boétie, o estudo e a amizade, que não são independentes entre si, são as grandes vias emancipatórias.

Coda sobre a escola

Conjunto de práticas de estudo, a escola se apresenta não enquanto extensão do que há, mas sim como indagação em relação ao que não há, enquanto parte do mundo que há de ser cuidado através da memória, da atenção, do desejo. O cuidado do mundo é inadequação crítica, suspensão do estabelecido, lembrança das coisas ocultas desde seu início – coisas por descobrir ou inventar – pelas quais desenvolver curiosidade e desejo de estudo. Subtrair a escola de ser um simples aparelho ideológico do Estado, ou do mercado, ou do supermercado das informações e conhecimentos disponíveis, é concebê-la e praticá-la enquanto interrupção. Estudo como memória da derrota, do que se encontra oculto, do que ainda não conseguiu nascer, do que não é funcional em relação à reprodução e à multiplicação do vitorioso na disputa pela aparência; revitalização de um antigo desejo de saber que não se integra e assume para si o nome *curiosidade*, e, quem sabe também, conforme Simone Weil propõe no breve, intenso e enigmático texto sobre "o bom uso dos estudos escolares", o nome *atenção*.

> A formação da faculdade da atenção – segundo ela escreveu em plena guerra (1942) – é o objetivo verdadeiro e quase único interesse dos estudos [...]. É preciso, pois, estudar sem nenhum desejo de obter notas boas, de passar nas provas, de conseguir algum resultado escolar, sem nenhuma consideração pelo gosto ou pela aptidão natural, engajando-se igualmente em todos os exercícios, no pensamento de que todos servem para formar a atenção que constitui a substância da oração [...]. Contrariamente ao que costumeiramente se pensa, [a vontade] quase não cumpre nenhuma função no estudo. A inteligência não pode ser movida se não pelo desejo. Para haver desejo, é necessário que haja prazer e alegria [...]. Lá onde ela está ausente, não há estudantes, apenas pobres caricaturas de aprendizes que, ao finalizar a aprendizagem, não terão ofício sequer (WEIL, 2009, p. 70-71).[8]

Nas antípodas da Inquisição (do extrativismo por interrogatório e tribunal), enquanto forma de cuidado e processo germinativo da faculdade de atenção, o estudo é também um diálogo ininterrupto com mortos e com aqueles que ainda não nasceram para que seja resguardada a possibilidade de que tudo comece de novo de uma outra forma.

---

[8] Agradeço Flavia Dezzutto pela indicação desse escrito e pela conversa fortuita sobre a *studiositas* enquanto participávamos em uma greve em defesa da universidade pública (N.A.).

Coda sobre a universidade

No discurso lido por Deodoro Roca (2008a, p. 31) durante o Primeiro Congresso Nacional de Estudantes sediado na última semana de julho de 1918, no Teatro Rivera Indarte, em Córdoba, há uma linha que diz: "Ir a nossas universidades para viver, não para passar por elas".

Há uma enorme atualidade crítica encriptada nessa frase, a qual protege a ideia de universidade enquanto lugar comum onde, além de se produzir ciência, pensamento, literatura... é – até agora – um lugar de encontro dos corpos, as ideias e as palavras para o estudo, para a amizade e para a política; um espaço de oralidade pensante que o neoliberalismo acadêmico em curso busca desmontar e substituir por uma autodidaxia virtual empreendedorista (universidades virtuais, cursos virtuais, aulas virtuais...) que prescinde da sabedoria pedagógica e da memória dos velhos mestres. Talvez seja essa a diferença mais importante entre o movimento estudantil cordovês de 1918 – que estava motivado por um anseio de mestres, até o ponto de Deodoro chegar a escrever em 1931 que "A Reforma foi e é um ensaio aberto para chegar a um mestre" (ROCA, 2008b, p. 79) – e a revolta parisiense de 1968, que preferia sua destituição. Como realização reacionária dessa utopia sessenta-oitista, talvez tenhamos entrado finalmente em um mundo sem mestres e sem docentes: a forma que finalmente foi encontrada do individualismo solitário e "conectado", sem encontro, sem desejo estudante, sem imaginação coletiva e sem anseio de justiça que o neocondutismo oficial busca impor.

Ir às universidades para viver. No Centro Experimental Vincennes – atualmente Paris 8 –, criado em 1969 na esteira pedagógica das revoltas do ano anterior e cujo primeiro diretor foi Michel Foucault, essa ideia de Deodoro ganhou

O ESTUDO COMO CUIDADO DO MUNDO

um sentido literal: havia cursos, palestras e debates 24 horas, dormia-se na universidade – a qual podia ser frequentada por qualquer um –, frequentava-se com crianças, cozinhava-se, fazia-se teatro continuamente. Durante as poucas semanas que durou essa forma de vida comum, o estudo, a pesquisa e o debate jamais eram interrompidos.

Talvez sem se propor uma rotina como a que efemeramente teve lugar no Centro Experimental Vincennes, a potente frase de Deodoro sobre a universidade e a vida – sobre "viver" na universidade – revela-se no tempo: não significa clausura nem universitarismo, nem indiferença, e sim prosperidade no encontro com o mundo e com a revolução. A sabedoria reformista se precipita e concentra em outra frase, de 1936: "a Reforma [universitária] não será possível sem uma reforma social". A autonomia que a tradição da Reforma forja nos anos de luta acaba por ser uma autonomia com outros, uma autonomia sensível à não universidade, uma autonomia em relação ao mundo que assume seu lugar nas tempestades da história sem querer fugir delas, que se percebe a si mesma como parte do "drama social" e toma partido junto ao campo popular no conflito de forças que sacodem a sociedade.

A universidade como utopia do estar-juntos (do viver-juntos) e de estudar juntos não equivale então a um universitarismo sem mundo (ou "i-mundo"), mas a uma abertura e a uma confiança nos desconhecidos e no desconhecido que está por vir – ou por construir. A pergunta a respeito da vida e do mundo (e das aventuras do estudo que se interroga com elas) não é possível sem outros – sem aqueles que são os outros em relação à universidade. Trata-se, portanto, de conjugar uma potência coletiva e heteróclita que jamais abandona a pergunta a respeito das estruturas de dominação e das apostas da emancipação, sempre atenta ao poder

127

da impotência para se resguardar dele, com as retóricas da morte e com o ódio de tudo que brota em direção a outra parte. Com efeito, o vitalismo – certo vitalismo – é a filosofia da universidade reformista. María Pia López escreveu páginas fundamentais sobre a filosofia de vida que animava a cultura da Reforma[9] para imaginar uma universidade não burocrática, não profissionalista, não especialista, criadora e de "espírito livre" – arielista, antipositivista, anticapitalista, antiimperialista, anticlerical...

A marca mais persistente da Reforma não é, e jamais foi, a de uma "modernização" da universidade, mas sim uma que se propõe a trocar o mundo por outro mais justo – uma que tem a justiça social como propósito – e a mudar a vida para obter uma plenitude comum. Com tudo isso, sem dúvida, tem a ver o estudo: uma maneira de vivê-lo, de lembrar dele, de ele ser transmitido. Ali, precisamente ali, a arqueologia da Reforma obtém, em bruto, sua gema mais valiosa.

Por isso não é irrelevante que um livro recente de meu amigo Eduardo Rinesi, intitulado *Dieciocho huellas de la reforma universitaria* [Dezoito marcas da Reforma Universitária], conclua com o extraordinário discurso que, no dia 7 de abril de 2018, Luiz Inácio Lula da Silva pronunciava perante milhares de seguidores em São Bernardo do Campo, logo após emitida a sentença que o condenou a prisão.

Lá, Lula, um torneiro mecânico sem diploma universitário, expressa seu assombro por ter criado mais universidades que todos os presidentes anteriores da história do Brasil – os quais, ao contrário dele, eram universitários. Se soubermos compreendê-la em seu espírito mais íntimo, ali tem um claro avatar da Reforma e do latino-americanismo emancipatório que reside nela. Mas também à inversa: o maior

---

[9] Cf. López (2006), especialmente p. 87-99.

compromisso reformista do presente não pode ser outro que a exigência desde as universidades – exigência também do Comitê pela defesa dos presos políticos criado por Deodoro e outros reformistas em 1936 – de uma América Latina sem presos políticos. Isto é, contra a domesticação "reformista" da Reforma, um trabalho de restituição do evento de 1918 nos transporta diretamente à luta dos povos contra os sistemas de dominação coloniais, econômicos, culturais e sociais.

"Ir a nossas universidades para viver" talvez signifique, no limite, sair delas: sair com uma inteligência atraída pelo mundo; com uma renovada curiosidade por outras formas de existência; com um saber dos outros (no duplo sentido da expressão) e uma insistência irrenunciável na pergunta a respeito da liberdade – a qual, como bem sabiam os reformistas, jamais foi obtida sem libertação.

Elogio do estudo
Bertolt Brecht

Estude o elementar! Para aqueles
cuja hora chegou
nunca é tarde demais.
Estude o "abc"! Não é suficiente, mas
estude-o. Não fique cansado!
Comece! Você tem que saber tudo!
Você está chamado a ser um dirigente.
Estude, você, homem que está no asilo!
Estude, você, homem que está na prisão!
Estude, você, mulher que está na cozinha!
Estude, você, sexagenário!
Você está chamado a ser um dirigente.
Frequente a escola, você, desamparado!
Persiga o saber, você, que está morrendo de frio!
Empunhe o livro, você, esfomeado! É uma arma!

Você está chamado a ser um dirigente.

Não tema perguntar, companheiro!

Não se deixe convencer!

Comprove tudo por si mesmo!

Aquilo que você não sabe por você mesmo
você não sabe.

Revise a conta,
você vai ter que pagar.

Aponte com seu dedo para cada coisa
e pergunte: "E isso aqui, por quê?"

Você está chamado a ser um dirigente.

Referências

AGOSTINHO (Santo Agostinho). *Las confesiones*. Tradução de Ángel Custodio Vega. Madri: BAC, 1929. p. 195.

BLUMENBERG, H. *La legitimación de la edad moderna*. Tradução de Pedro Madrigal, Valencia: Pre-textos, 2008. p. 232.

BOÉTIE, É. de la. *Discurso de la servidumbre voluntaria*. Tradução de Diego Tatián. Buenos Aires: Las cuarenta, 2011. p. 40-41.

CHAUÍ, M. *Desejo, paixão e ação na Ética de Espinosa*. Companhia das Letras: São Paulo, 2011.

ESPOSITO, R. *Confines de lo político*. Madri: Trotta, 1996. p. 29.

GREISCH, J. *Ontologie et temporalité. Esquisse d'une interprètation intégrale de Sein und Zeit*. Paris: PUF, 1994. p. 221-223.

HEIDEGGER, M. *El ser y el tempo*. Tradução de José Gaos. México: Fondo de Cultura Económica, 1974. p. 218-219.

HEIDEGGER, M. *Ontología. Hermenéutica de la facticidad*. Madri: Alianza, 1999. p. 130.

HEIDEGGER, M. *Sein und Zeit*. Tübingen: Niemeyer, 1993. p. 170-172

HISTORIA del doctor Juan Fausto, el muy famoso encantador y nigromante. Apresentação, tradução e notas de Oscar Caeiro. Córdova: Alción, 1997. p. 37-38.

LÓPEZ, M. P. *Hacia la vida intensa. Una historia de la sensibilidad vitalista*. Buenos Aires: Eudeba, 2006. especialmente p. 87-99.

QUIGNARD, P. *Butes*. Madri: Sexto Piso, 2011.

ROCA, D. La nueva generación americana. *In: Obra reunida. Cuestiones universitarias.* Córdova: Universidad Nacional de Córdova, 2008a. v. I, p. 31.

ROCA, D. Nicolai y la Argentina. *In: Obra reunida. Cuestiones universitarias.* Córdova: Universidad Nacional de Córdova, 2008b. v. I, p. 79.

TRONTO, J. Moral Boundaries. A Political Argument for an Ethic of Care. Londres: Routledge. *In:* MUÑOZ, J. M. Cuidar el mundo. Labor, trabajo y acción "en una compleja red de sostenimiento de la vida". *Isegoría*, n. 47, p. 463, jul.–dez. 2012.

VOLPI, F. *Aristóteles y Heidegger*. Buenos Aires: Fondo de Cultura Económica, 2012.

VOLPI, F. La maravilla de las maravillas: que el ente es. Wittgenstein, Heidegger y la recuperación ético-práctica de la metafísica. *Tópicos*, n. 30, p. 197-231, 2006.

WEIL, S. Reflexiones sobre el buen uso de los estudios escolares. *In: A la espera de Dios.* Madri: Trotta, 2009. p. 70-71.

Do ócio ao estudo:
sobre o cultivo e a transmissão de uma arte

Maximiliano Valerio López

Neste capítulo, gostaria de propor uma reflexão sobre o conceito de estudo, seu lugar na cena contemporânea e sua relação com a noção clássica de ócio.

Em linhas gerais, podemos definir o ócio como um estado de extrema disposição, no qual nossa relação com o mundo permanece indeterminada. Nesse sentido, o ócio promove uma experiência radical do caráter aberto e inapropriável do mundo humano. Mas, como veremos, trata-se de uma experiência perigosa, por momentos quase intolerável, daí a frequência com que o ócio tende a precipitar-se para o trabalho, para a diversão, para o entretenimento e para o consumo. A hipótese que gostaria de explorar a seguir é que o estudo constitui um modo singular, propriamente escolar, de habitar o ócio. Um modo que hoje merece ser cultivado e protegido, no qual está em jogo nada menos que a própria existência de um mundo comum.

A escola como local de ócio

A distinção entre as esferas do trabalho e do ócio está na base da tradição ocidental e determina muitas das ideias políticas e pedagógicas de hoje. No mundo antigo, trabalho e ócio constituíam esferas distintas e claramente separadas. Uma das análises mais lúcidas e detalhadas que temos a esse respeito encontra-se em *A condição humana*, de Hannah Arendt, em que se lê:

> Aristóteles distinguiu três modos de vida (*bioi*) que os homens podiam escolher livremente, isto é, em inteira independência das necessidades da vida e das relações delas decorrentes. Essa condição prévia de liberdade excluía qualquer modo de vida dedicado sobretudo à preservação da vida – não só o trabalho, que era o modo de vida do escravo, coagido pela necessidade de permanecer vivo e pelo mando de seu senhor, mas também a vida de fabricação dos artesãos livres e a vida aquisitiva do mercador. Em suma, excluía todos aqueles que, voluntária ou involuntariamente, por toda a vida ou temporariamente, já não podiam dispor em liberdade de seus movimentos e atividades. Os três modos de vida restantes têm em comum o fato de se ocuparem do "belo", isto é, de coisas que não eram necessárias nem simplesmente úteis: a vida de deleite dos prazeres do corpo, na qual o belo é consumido tal como é dado, a vida dedicada aos assuntos da *pólis*, na qual a excelência produz belos feitos; e a vida do filósofo, dedicada à investigação e à contemplação das coisas eternas, cuja beleza perene não pode ser causada pela interferência produtiva do homem nem alterada pelo consumo humano (ARENDT, 2016, p. 15-16).

Ao lado do trabalho, encontravam-se todas aquelas atividades relacionadas às necessidades vitais, à utilidade e ao lucro; enquanto ao lado do ócio, estavam aquelas atividades que não são realizadas por obrigação, e sim gratuitamente, isto é, pela nobreza e pela beleza que contêm em si mesmas.

Cada uma dessas atividades tinha sua própria localização: as atividades vitais eram realizadas no domínio privado do lar (*oikos*) e sua administração definia o âmbito da *oikonomia* (da qual deriva nosso termo contemporâneo economia); porém as belas atividades, às quais um cidadão se entregava no exercício de sua liberdade, localizavam-se na cidade (*pólis*) e constituíam o âmbito da política. Em outras palavras, para os antigos, a comunidade natural do lar e da família nasce da necessidade, ao passo que a comunidade da cidade nasce de a possibilidade de viver juntos, escolhendo, por meio da palavra, o modo de vida mais belo e conveniente. Como se vê, a fronteira que separava o trabalho do ócio também separava a necessidade da liberdade, a economia da política e a mera sobrevivência da vida humana propriamente dita. Para participar desse tipo de vida superior, era mister estar livre, tanto das necessidades vitais quanto do mando de outrem. Essa condição de liberação era chamada *skhole* (ócio), e seu oposto era a *a-skholia* (negócio).

No entanto, como a própria Hannah Arendt sustenta em *A condição humana*, ao longo dos anos o domínio privado (ligado ao necessário, útil e lucrativo) e o domínio público (ligado fundamentalmente ao belo e gratuito) foram perdendo seus contornos originais e redefinindo sua extensão e significado até chegar a constituir um terceiro domínio, o "social", em que a racionalidade econômica e a racionalidade política acabam por confundir suas fronteiras. Não seria aventurado dizer que esse movimento de contaminação da vida pública por critérios fundamentalmente econômicos, descrito por Arendt no final da década de 1950, parece ter atingido seu apogeu algumas décadas mais tarde, com a constituição do paradigma neoliberal.

A década de 1980 marcou o fim da Guerra Fria e das políticas públicas que nortearam a reconstrução da Europa após a Segunda Guerra Mundial, e, com elas, o fim do Estado de bem-estar social. Algumas das velhas premissas liberais que vinham sendo retomadas desde 1970 foram radicalizadas para construir uma visão econômica que proclamava a destruição daquele estado de bem-estar por meio da privatização das empresas públicas e da desregulamentação dos mercados. Mas esse novo liberalismo foi muito mais do que uma doutrina econômica. Ele implicou a construção de uma nova forma de perceber, compreender e valorar o mundo comum. Nesse processo, o ócio, outrora concebido como forma de vida superior, própria do domínio público, transformou-se em diversão, entretenimento e consumo, e assim acabou sendo assimilado ao processo de acumulação capitalista.

Foi precisamente por volta do final dessa década de 1980 que a ideia de ócio (no sentido antigo) reapareceu na cena política e pedagógica. Em 1988, no calor das discussões provocadas na França pelas novas reformas educacionais de cunho neoliberal, Jacques Rancière publicou um ensaio, intitulado "Escola, Produção e Igualdade", no qual, evocando a antiga oposição entre trabalho e ócio, espaço privado e público, racionalidade econômica e racionalidade política, mostrou a contradição implícita na tentativa neoliberal de afirmar uma continuidade natural entre o sistema escolar público e o mercado. Denuncia então a formação de um novo consenso em matéria de educação. Um consenso entre os grupos conservadores, preocupados com a formação orientada para a produtividade e para o mercado, e os grupos progressistas, favoráveis à distribuição equitativa do conhecimento e à promoção social das classes menos favorecidas. Tal consenso descansava precisamente na afirmação de que a universalização do conhecimento científico e a eficácia de suas aplicações garantiriam uma transição feliz e harmoniosa entre a educação escolar e o empreendimento econômico; fazendo coincidir então a promoção dos indivíduos "empreendedores" e o bem-estar da comunidade.

Essa suposta continuidade entre escola e empresa pode ser claramente resumida, como o próprio Rancière o refere, na famosa frase "aprender para empreender", cunhada por um ministro da educação da época, em que a aprendizagem aparecia como um primeiro passo na direção do empreendedorismo econômico. A relação não é de forma alguma arbitrária, uma vez que ambos os termos compartilham a mesma etimologia, que os liga à palavra latina *apprehendere*, cujo significado remete à ideia de captura ou apropriação. Na órbita dessa palavra estão termos como "apreensão", "preensão", "prisão", "presa" ou "empresa". Em todos esses casos, trata-se de pegar ou adquirir alguma coisa. O que dá coerência à frase "aprender para empreender" é que em ambos os termos se pressupõe uma lógica aquisitiva, segundo a qual, adquirir conhecimento aparece então como o primeiro elo de uma corrente que conduziria, futuramente, à possibilidade de se apoderar de outro tipo de riqueza.

Em contraposição a visão proposta pelo neoliberalismo, Rancière decide evocar a velha separação entre trabalho e ócio, para mostrar que entre a escola e o mercado não há nenhuma continuidade, que ambas pertencem a esferas opostas. Nesse sentido, dirá então que a escola não é, e nunca foi, um lugar de preparação para o mundo do trabalho, pelo contrário: ela foi desde a sua origem um lugar (um espaço e um tempo) separado e protegido das demandas e urgências que o trabalho impõe. Nas palavras de Rancière:

> Escola não significa aprendizagem, mas ócio. A *skholé* grega separa dois usos do tempo: o uso daqueles de quem

COLEÇÃO "EDUCAÇÃO: EXPERIÊNCIA E SENTIDO"

a obrigação do serviço e da produção tira, por definição, tempo para fazer outra coisa e o uso daqueles que
têm tempo, ou seja, aqueles que estão dispensados das
exigências do trabalho (RANCIÈRE, 1988, p. 2).

Mas em que consiste exatamente esse caráter ocioso
quando o referimos especificamente à escola?

Embora seja verdade, como refere Rancière, que escola
deriva de *skholé*, não é inteiramente correto dizer que escola
significa simplesmente ócio, visto que, como aponta Arendt,
já na Grécia clássica a palavra *skholé* tinha um uso geral e
outro restrito, segundo o qual, não designava apenas o ócio
em sentido amplo, isto é, a liberação das obrigações do trabalho, mas, também, a liberação das ocupações vinculadas
aos prazeres do corpo e ao governo da cidade, em prol de
um uso do tempo estritamente teorético ou contemplativo.

A palavra grega *skholé*, assim como a latina *otium*, significa basicamente isenção de atividade política e não
simplesmente tempo livre, embora ambas sejam também
usadas para indicar isenção do trabalho e das necessidades da vida. De qualquer forma, eles sempre indicam
uma condição de liberação de preocupações e tarefas
(ARENDT, 2016, p. 18).

Segundo Arendt, a palavra grega *skholé* designava, em
sentido estrito, um estado de serenidade típico das atividades contemplativas, o que nos permitiria pensar que, talvez,
escola não signifique exatamente ócio, e sim uma forma
particular de habitar esse ócio, uma forma a que denomina-
remos estudo. Até poder-se-ia dizer, mais especificamente,
que a escola é um dispositivo capaz de transformar o ócio
em estudo e, em nosso atual contexto neoliberal, um lugar
capaz de dar ao ócio a forma do estudo, impedindo a sua
transformação em trabalho, entretenimento ou consumo.

DO ÓCIO AO ESTUDO: SOBRE O CULTIVO E A TRANSMISSÃO DE UMA ARTE

Da transformação do ócio em estudo: tédio, angústia e melancolia

Da mesma fonte do gozo surge
um quê de amargura que no meio
das flores produz aflição.

Lucrécio (livro 4, 1134)

Empenhamo-nos em pensar que nossa infelicidade obedece à impossibilidade de gerarmos e possuirmos os bens necessários para uma subsistência tranquila. Isso é parcialmente verdadeiro, dado que, sem os recursos mínimos necessários, a vida se torna humilhante e miserável. Contudo, enquanto seres humanos, nossa vida não depende apenas das coisas necessárias, mas também daquelas que pertencem ao âmbito do possível e do impossível, isto é, dos desejos, das lembranças, das ilusões. Vivemos com um pé naquilo que é e com outro, naquilo que foi, será ou pôde ter sido. Nada dói mais do que aquilo que possuímos na forma de uma ausência irremediável. Se é tão difícil suportar o ócio é, precisamente, porque nos confronta com essa dimensão da ausência e da possibilidade.

O ócio, para sê-lo realmente, deve se apresentar como tempo livre, isto é, como um tempo de possibilidade. Ter tempo livre significa ter cortado as amarras com tudo que obriga nós e o mundo a andar de uma determinada maneira. No ócio, nada é obrigatório, nada é necessário. Daí que, nas horas ociosas, nos deparemos com a possibilidade de que as coisas aconteçam de uma maneira ou de outra, ou de que absolutamente nada aconteça. Essa ausência de necessidade implica também certa intempérie, dado que a disponibilidade extrema nos deixa sem o amparo de alguma causa necessária que dirija os acontecimentos do mundo ou direcione nossa iniciativa. Em um nível mais profundo, o tempo livre confronta-nos também com a possibilidade de que as coisas tenham um sentido ou outro e, no caso mais extremo, com a possibilidade de que nada tenha sentido. Daí que o ócio esteja sempre ameaçado pelo tédio, a melancolia, a angústia e o desespero. Em um famoso curso, lecionado na Universidade de Friburgo, no inverno setentrional entre 1929 e 1930, intitulado "Os conceitos fundamentais da metafísica: mundo, finitude e solidão", Martin Heidegger desenvolveu um estudo minucioso sobre a experiência do tédio. Segundo Heidegger, no tédio somos retidos e obrigados a confrontar o nada. Nas horas de tédio, nada acontece, o mundo parece virar as costas, nada nos apela, nada nos diz respeito, nada faz sentido. Mas é precisamente porque podemos experimentar essa ausência fundamental de sentido que somos também capazes de dar às coisas um sentido ou outro. No tédio profundo, experimentamos uma espécie de suspensão entre o sentido e o sem-sentido, uma experiência limite, e por momentos insuportáveis, da pura possibilidade. O tédio é, de certa forma, o preço que pagamos por nossa condição de seres livres, abertos e indeterminados.

O tema do perigo que o ócio representa e das figuras a ele associadas, como o tédio, a angústia ou a melancolia, não começa com Heidegger; seu trabalho apenas retoma e aprofunda uma antiga tradição, na qual a vida contemplativa aparece imersa numa atmosfera sombria.

Segundo uma antiga teoria médica e psicológica, que remonta o tempo de Hipócrates, existem no corpo humano quatro humores, responsáveis pela saúde física e espiritual: sangue, fleuma, bile amarela e bile negra (*melas-kholis*), do qual provém o termo "melancolia". Considerava-se que os quatro humores estavam presentes em todos os indivíduos e a boa saúde dependia do equilíbrio desses elementos.

O excesso de um ou vários desses humores provocava doenças. Os sinais fisiológicos do excesso de bile negra, que era, sem dúvida nenhuma, a síndrome mais nefanda e temida, incluem enegrecimento da pele, do sangue e da urina, ardor abdominal, azia, constipação, flatulências, hemorroidas e sonhos absurdos, sombrios e luxuriosos. Entre as doenças que ela pode causar, encontram-se histeria, insônia, licantropia, lepra, sarna, demência e manias suicidas. O temperamento que deriva de sua preponderância se apresenta sob uma luz sinistra: o melancólico é invejoso, sovina, fraudulento, desconfiado e, sobretudo, triste e medroso.

Na cosmologia medieval, a bile negra está associada ao elemento terra, suas qualidades são o frio e o seco; seu elemento geométrico, a profundidade; além disso, é associada também ao outono, à cor preta e à velhice. É regida pelo planeta Saturno, representado pela iconografia medieval como um ancião aleijado que brande a gadanha ceifeira da morte. Saturno era o emblema do tempo, que tudo destrói, e, na tradição grega, corresponde a Cronos, o deus que devora seus filhos. Era associado especialmente aos instrumentos de dissecação e de corte (facas, gadanhas, navalhas etc.) e aos instrumentos de medição, por sua relação com o tempo. Daí que fosse o padroeiro dos açougueiros, dos abatedores de porcos, dos assassinos, e também dos camponeses e dos coveiros; relembremos sua relação com a terra, com o obscuro, o frio e o profundo. Dessarte, Saturno e a melancolia evocam, no pensamento medieval, toda uma série de figuras sinistras, ligadas à escuridão, à profundidade da Terra, à passagem do tempo, ao temor, à tristeza e à morte.

Contudo, a melancolia foi, desde sua origem, um humor extremamente ambíguo que, segundo Aristóteles, era predominante em homens que se sobressaem, dedicados fundamentalmente à vida contemplativa. Numerosos

COLEÇÃO "EDUCAÇÃO: EXPERIÊNCIA E SENTIDO"

depoimentos da época, colhidos pelo estagirita, davam fé de que muitos eminentes filósofos e poetas se encontravam frequentemente sob espreita dos morbos associados ao padecimento melancólico. Em seu célebre "Problema XXX, 1" (ARISTÓTELES, 1998, p. 953, a. 10), Aristóteles aborda explicitamente a questão de por que todos os homens de gênio são também melancólicos. Com essa questão, inaugura-se uma discussão que, desde a Antiguidade clássica até o romantismo, vinculou tenazmente a vida espiritual ao influxo melancólico.

Existe, nessa tradição, um episódio especialmente interessante para se pensar a respeito dos perigos do ócio e de sua necessária transformação em estudo. Entre meados do século XV, o humanista florentino Marsilio Ficino, inspirado na dupla polaridade do humor melancólico colocada por Aristóteles, assume explicitamente a tarefa de expropriar Saturno dos coveiros e criminosos e transformá-lo no padroeiro dos artesãos e dos estudiosos. Nessa operação poética e conceitual, têm especial importância as ferramentas de medição e de corte. Já Aristóteles tinha comparado a bile negra com o vinho, o qual, quando ingerido em pequenas doses ressalta nosso melhor aspecto, mas, se consumido em excesso, nos torna patéticos. Do mesmo modo, segundo Ficino, quando o humor melancólico é conduzido adequadamente oferece uma propensão natural ao recolhimento interior e ao conhecimento. Cornelius Agrippa, outro humanista do fim do século XV, desenvolve uma teoria curiosa a esse respeito. Agrippa diz que a bile não é originariamente negra, porém transparente, e, ainda, que é um elemento sutil que permite a comunicação com os anjos; contudo, em determinadas condições, essa bile queima, e é essa combustão que gera a síndrome atrabiliária. Trata-se, tanto em Ficcino como em Agrippa, de ordenar e

142

dirigir adequadamente o influxo melancólico e saturnino. A melancolia passa então a ser entendida como elemento dinâmico, que pode ser organizado e elaborado por meio de um código, de uma gramaticalização do ânimo que permite manter e elaborar a vida espiritual e as artes que a tornam possível. A questão é organizar tecnicamente a passagem do ócio ao estudo, estudo que é, concomitantemente, uma disposição anímica, um repertório de técnicas e um modo de relação com o mundo. Trata-se de criar as condições que nos permitam habitar nossa condição de seres abertos ao possível, sem naufragar na angústia.

Lembremos que esse giro simbólico e conceitual é concomitante ao desenvolvimento das primeiras universidades e da escolástica, o que nos permitiria supor que a formação do que, séculos depois, será a Escola Moderna, que está associada, em parte, a essa sutil metamorfose por meio da qual o ócio é transformado em estudo. Como já foi mencionado, a escola não é apenas um espaço de ócio, mas, principalmente, um dispositivo capaz de transformar o ócio em estudo; não em trabalho, tampouco em entretenimento, mas em estudo.

Sobre a natureza do estudo

O estudo, conforme compreendido aqui, não constitui um problema epistemológico, mas ontológico. Isto é, ele não está relacionado com o conhecimento que temos sobre o mundo, mas com o próprio mundo.

Antes de ser capturado por uma mentalidade fortemente individualista e aquisitiva, o termo *studium* esteve associado à ideia de dedicação e cuidado. Estudar era, basicamente, dar-se atenta e cuidadosamente a algo. Diferentemente do modo em que é concebido atualmente, o estudo não estava relacionado com a aquisição de um saber, mas sim com um gesto de dedicação. Não é por acaso que, em uma sociedade como a nossa, baseada na propriedade e no consumo, a noção de "estudo" tenha sido progressivamente substituída pela de "aprendizagem". Mesmo que, à primeira vista, possam parecer equivalentes, existe uma grande diferença entre as noções de aprendizagem e estudo. Como já foi dito no começo, a palavra "aprender" deriva do latim *apprehendere*, cujo significado é tomar ou capturar. É por isso que é possível dizer que a polícia *apreende* armas ou drogas. O termo "estudo" possui um sentido quase antagônico; provém do latim *studium* e tem, também conforme mencionado anteriormente, o significado de cuidado, atenção, zelo, dedicação ou empenho, possuindo ademais o sentido de afeto (*"studia habere alicuius"* significava "gozar do afeto de alguém").

Como diz Jorge Larrosa em um capítulo anterior neste livro, existe uma diferença fundamental entre aprender uma língua e estudar uma língua; na aprendizagem, a ênfase recai no sujeito que aprende, em suas inquietações, desejos e propósitos; enquanto no estudo o acento está colocado sobre a própria matéria estudada. Aprende-se uma língua para viajar, para empreender um negócio, para comunicar uma ideia; estuda-se uma língua por um encantamento que está além de qualquer utilidade. A diferença não diz respeito tanto à própria atividade quanto à atitude, à intenção ou ao sentido com que é realizada. A palavra aprender expressa o desejo de tomar algo do mundo, enquanto o termo estudo conota, sobretudo, o desejo de cuidar de algo, de prestar atenção a esse algo. Em certo sentido, pode-se dizer que aquilo que o estudioso estuda não lhe serve; pelo contrário, é ele que serve à matéria estudada, é ele que dedica sua avida, que empenha sua vida naquilo que cuida.

Essa distinção entre aprendizagem e estudo permite-nos contrapor duas modalidades diferentes de relação com o mundo: uma ligada à apropriação privada e outra, ao cuidado de um mundo comum. A primeira encontra sua figura paradigmática no consumo; a segunda, no uso de um mundo compartilhado.

Alguns indícios dessa relação atenta e cuidadosa ainda podem ser percebidos nos diferentes usos que a palavra "estudo", assim como sua irmã "estúdio", conservam. Usamos habitualmente a palavra estudo para nos referirmos a um modo de ver, de escutar, de sentir, a um "estado de espírito" que implica certa atenção ao mundo. Nesse sentido, dizemos que alguém não deve ser incomodado porque está estudando. Também utilizamos a palavra estudo para designar certo tipo de exercício relacionado com o aperfeiçoamento técnico de uma arte. Isso aparece com clareza quando consideramos o *Estudo de mãos*, de Durer, o *Estudo de cavalos*, de Leonardo da Vinci, ou o "Estudo Op. 25, n.º 6", de Chopin. Em todos esses casos, o termo remete a um tipo especial de obra, dedicada à exploração de um tema na qual o artista insiste sobre uma técnica, experimenta com diversos materiais ou investiga variações de forma, luz, cor, perspectiva ou composição. Em terceiro lugar, usamos o termo "estúdio" para fazermos referência a um lugar, um arranjo de tempo, espaço e materialidade, capaz de construir uma certa atmosfera, em que o estudo se torna possível. Nesse sentido, fazemos referência a um estúdio de música, de cinema, de arquitetura ou, simplesmente, àquela sala silenciosa e amigável na qual podemos nos retirar para nos concentrarmos na leitura, na escuta atenta de uma música ou na contemplação de uma pintura. Por último, o estudo define também um conjunto de hábitos, qual seja, a maneira em que mantemos cotidianamente essa inclinação amorosa sobre um determinado assunto, a maneira em que nos apropriamos e cuidamos de uma determinada parcela do mundo.

A técnica como lugar de criação de um mundo comum

Nós, seres humanos, não habitamos um meio ambiente, mas um "mundo". Esse mundo não é algo dado, e sim construído por meio de técnicas e ferramentas. Casas, templos, monumentos, pinturas, livros, comidas e vestimentas: todo o nosso mundo é fruto de uma elaboração material e simbólica. Por isso, estabelecer uma relação com o mundo, com um mundo compartilhado, pressupõe o conhecimento e a intervenção nesse mundo comum.

Em uma palestra de 1953, Martin Heidegger interroga-se acerca da natureza da técnica e de qual é realmente a relevância que ela tem para o ser humano. Afirma então que não é possível compreender a técnica como algo meramente instrumental, isto é, como um simples meio para se alcançar um determinado fim. Se assim o fizermos, jamais alcançaremos uma compreensão adequada do obrar humano. Embora a técnica se sirva de instrumentos, ela não é em si mesma algo meramente instrumental, e sim uma maneira de desvendar mundos possíveis. O músico, com sua arte musical, desvenda um mundo de timbres, ritmos e melodias que, sem sua arte, jamais chegaria a existir para nós. Do mesmo modo, o carpinteiro, o cineasta ou o arquiteto, por meio de suas obras, dão forma ao mundo que habitamos. Por isso, a técnica não é, em sua essência, um meio para satisfazer necessidades, mas sim uma maneira de dar forma e trazer à tona um mundo potencial. Quando a técnica é pensada enquanto meio de satisfazer necessidades externas à obra em si mesma, deixamos de compreender o sentido da ação humana. Não é próprio do ser humano apenas sobreviver no sentido biológico, como também dar a si mesmo uma forma de vida. A vida humana não se encontra determinada apenas pelo necessário, mas, sobretudo, pelo possível. Quando o obrar humano (e as técnicas que o efetivam) é subordinado a mera satisfação de necessidades ou resolução de problemas, esvai-se o caráter criador (*poietico*) desse fazer. Nesse sentido, atender ao mundo não equivale a satisfazer necessidades ou a dar resposta a problemas práticos. O estudo, entendido como cultivo e aperfeiçoamento de uma arte, não pode ser pensado como uma questão meramente instrumental e econômica; trata-se antes de uma questão profundamente política e existencial, uma vez que é através de uma técnica particular que alguém se torna um indivíduo capaz de intervir na formação de um mundo comum. Conforme lembra Richard Sennett (2015, p. 32), na Grécia arcaica, os artesãos eram chamados de *demioergos*, uma combinação de *demios* (público) e *ergon* (produção). Podemos perceber nessa denominação o reconhecimento desses artesãos, entre os quais se contavam azeiteiros e carpinteiros, mas também músicos, mensageiros e médicos, como aqueles que criavam, por meio de sua arte, um mundo comum.

Em nossos dias, a capacidade de intervir habilmente no mundo parece ter sido escanteada pelas máquinas. Parece que não é mais necessário aprender a fazer algo com destreza porque, para cada atividade, existe uma máquina que a efetua de modo mais eficiente, isto é, mais rápido, mais barato e com um alto padrão de qualidade. A celebração que habitualmente se faz dessa economia de esforços se sustenta na ideia de que a técnica não é mais do que um meio para se satisfazer uma necessidade, para se suprir uma carência, de modo que, se tem uma máquina que pode poupar o trabalho, para que se incomodar com ele. Porém, se considerarmos por um instante a ideia de que a técnica não é um instrumento, mas o lugar em que se torna efetiva nossa possibilidade de criar mundo, fica claro que renunciar ao cultivo de uma destreza diminui nossa possibilidade de produzir uma forma de vida plenamente humana. Quando, em uma festa, existem pessoas capazes de tocar instrumentos musicais e recordar certo cancioneiro popular, a festa ganha riqueza e singularidade. Quando não existem essas pessoas, há que se conformar com escutar música gravada, mas a música gravada soa independentemente de nós, faltam aí os músicos que aceleram e retardam o andamento musical em atenção à tristeza ou ao entusiasmo que entrevem no olhar do cantor. Não é a mesma coisa cantar nossas penas e alegrias acompanhados por músicos amigos do que fazê-lo sobre um disco que gira indiferente. Saber fazer algo significa tomar o mundo nas próprias mãos e tornar-se capaz, assim, de compartilhá-lo.

Sobre o cultivo e a transmissão de uma arte

Um ofício pressupõe a aquisição de um repertório constituído por conhecimentos e destrezas, conhecimento dos materiais relacionados com o ofício. Por exemplo, um *luthier* deve conhecer as características dos materiais que são utilizados na confecção do instrumento: madeiras para o corpo, tripa, nylon ou aço para as cordas etc. Além disso, deve saber como esses materiais se comportam com relação à matéria sonora, pois, para um construtor de instrumentos, o som não é menos material que a madeira. Trata-se de um conhecimento sensível, que é produzido em um corpo a corpo com as coisas. O *luthier* conhece os nomes e as características dos materiais empregados, mas, se for bom em seu ofício, seu trato será com a própria matéria, com a singularidade de cada objeto, com suas rugas e acidentes. Ele não trabalha a madeira em geral, mas pedaços de madeira em particular. Além disso, deve conhecer suas ferramentas e o modo correto de utilizá-las, cuidá-las e, ocasionalmente, construí-las. Um bom marceneiro não apenas reconhece madeiras duras e macias, as que possuem farpas traiçoeiras e as que se deixam moldar ductilmente, mas também conhece o metal de suas ferramentas, reconhece os aços duros e os doces, os que são capazes de adquirir uma afiação duradoura e os que não, sabe do comércio incestuoso que existe entre a madeira e o metal, entre o metal e a pedra. Sabe como esses elementos são sensíveis ao calor, o frio e a umidade, sabe da importância da água durante a amolação, conhece as propriedades que o azeite ou a cera possuem em relação ao metal e à madeira. O mundo do marceneiro é um mundo povoado de relações de amor e ódio entre os elementos, de atrações e rejeições: um mundo de ressonâncias secretas.

Porém, não se trata apenas de materiais: este mundo é também um mundo de formas puras (triângulos, retângulos, círculos); por isso, o marceneiro utiliza régua, esquadro e compasso; este é também um mundo de formas exemplares, contidas nas obras clássicas legadas pela tradição. O mundo é ambíguo e teimoso; por isso, suas ferramentas prendem, cortam, desbastam, medem, endereçam, lixam, unem e separam, pois, no fundo, trata-se de colocar a matéria em uma certa forma, de determinar o indeterminado, de atualizar uma virtualidade. Os gregos antigos chamavam a matéria de *hyle*, que significa, literalmente, madeira. Todavia, como aponta Vilém Flusser em *Uma filosofia do design*:

> Todavia, quando os filósofos gregos escolheram a palavra *hyle* não pensavam na madeira em geral, mas sim num tipo particular de madeira amontoada nas oficinas dos marceneiros. Com efeito, o que os movia era o desejo de encontrar um termo que pudesse exprimir o oposto da palavra *forma* [em grego *morphé*] (FLUSSER, 2010, p. 15).

A palavra "matéria" não era utilizada, entre os gregos antigos, para nomear o objetivo ou o concreto, mas o amorfo; seu oposto não era o subjetivo ou o irreal, mas a forma. Matéria e forma são duas dimensões da manifestação do mundo; a arte do marceneiro consiste em presentificar uma matéria por meio de uma forma, porque tudo aquilo que se manifesta há de fazê-lo em uma determinada forma. Mas a relação entre forma e matéria não é arbitrária: uma matéria não admite qualquer forma, e é nessa sutil relação que se movimenta qualquer criação. A relação decisiva, na qual se determina nosso estar no mundo, não é a relação entre o sujeito e o objeto, nem a relação entre o abstrato e o concreto, mas a relação entre o amorfo e a forma. A maior diferença entre o cultivo de uma arte e a mera informação é que a segunda não precisa respeitar o mundo, não dialoga com ele, e, portanto, carece de força e vitalidade. A arte, no entanto, está sempre em relação com algo exterior, algo independente e ambíguo. O mundo não é o que nós pensamos ou dizemos dele, sua realidade sempre nos escapa; também não se curva facilmente à nossa vontade, mas, certamente por isso, ele é a fonte de toda vitalidade. Possuir um repertório envolve conhecimento, e esse conhecimento é ao mesmo tempo conhecimento das matérias e das formas; é também conhecimento das palavras que as nomeiam sem jamais substitui-las: conhecer o nome e as características do carvalho não equivale a saber lidar com uma peça de carvalho em particular. Um artesão entende ou procura entender a íntima relação entre matéria e forma para intervir nessa relação. Ao trabalhar com uma madeira em particular, o marceneiro deverá respeitar o sentido das veias, prestar atenção aos nós, e esgrimir suas ferramentas com cuidado para fazer de um acidente natural uma virtude utilitária ou estética.

Uma relação atenta com as formas, os materiais, as ferramentas e os procedimentos acabará oferecendo razões para a ação. Nenhum artista ou artesão faz algo sem perguntar-se por que razão o faz. Muitas de suas razões são dadas pela própria matéria, pois um bom artista sabe sempre obedecer a matéria, brincar com ela sem humilhá-la e sem humilhar-se. Outras razões nascem das circunstâncias, isto é, da interação entre os elementos contingentes de cada uma das matérias em jogo. Um bom pedreiro sabe por que deve construir a fundação antes de erguer as paredes de uma casa, por que utiliza um nível e um prumo para essa labor e como o clima úmido ou seco influencia em seu trabalho. Um cirurgião sabe por que precisa esterilizar as ferramentas antes de qualquer procedimento cirúrgico, assim como um músico sabe por que não deve deixar seu instrumento ao sol. As razões vêm da matéria e sua dinâmica. O mundo nos oferece razões, mas é preciso saber escutar. Por isso, uma obra precisa de tempo, atenção e respeito pelos materiais utilizados, isto é, precisa de certo tipo de amor, um amor capaz de se sustentar no tempo, um amor que se confunde com a própria atividade.

A aquisição de uma destreza

Um repertório pressupõe o conhecimento como também a aquisição de uma destreza. Adquirir uma habilidade não é a mesma coisa que conhecer algo, porque a habilidade implica tornar-se um com aquilo que se realiza; implica devir matéria por meio da repetição. Um bom dançarino se deixa possuir pelo ritmo, pela melodia, pelo tom emotivo de cada nota, pelo seu colorido, seu timbre; mas não o faz ao acaso, e sim abraçando ou destruindo certas formas: ele mesmo há de devir forma e afeto para poder dançar. Um fotógrafo deve tornar-se um com as luzes e as sombras, recriar e recriar-se no tempo e no espaço capturados pela sua imagem, deve tornar a lente uma parte de seu corpo, prolongar-se nela e compor com ela um novo corpo fotossensível. Sem essa intimidade,

COLEÇÃO "EDUCAÇÃO: EXPERIÊNCIA E SENTIDO"

jamais poderá revelar um mundo para os outros. Para obter uma habilidade, é necessário se devir coisa, ser aquilo que se admira, tornar-se parte do mundo e de sua dinâmica. Quase poder-se-ia dizer que não somos nós os possuidores da habilidade, mas que é ela quem nos possui, uma vez que somos nós, de fato, que nos construímos por meio dos gestos e das sensações pressupostos pela habilidade. Talvez seja isso o que Aristóteles evocou na *Poética* com a palavra *mimesis*, cujo significado, por sinal, vai muito além de cópia.

A atenção é o meio pelo qual devimos mundo e assim nos tornamos hábeis. A atenção altera a escala do mundo e opera uma metamorfose do espaço e do tempo. Lembro-me de mim quando criança, brincando com meus soldadinhos em uma poça de água; lembro-me desse mundo, lembro do vento na cara enquanto navegava por aquele imenso oceano; lembro do vilarejo do litoral onde tive uma chácara, mulher e filhos. Aquele mundo maravilhoso ainda existe para mim, e tem a mesma intensidade que as viagens de pesca com meu pai. Pouco importa se um existiu de fato e o outro fui eu que imaginei, pois, no fundo, vivemos tudo pela imaginação. A atenção de minhas brincadeiras de infância teve o poder de alterar a escala do mundo, e o mundo em outra escala é outro mundo. Ela teve a força de multiplicar o real sem traí-lo. A *mímese* não é uma representação da realidade, mas sim sua transfiguração amorosa. Nenhuma habilidade é adquirida sem essa força mimética, sem essa paixão que nos faz ser aquilo que amamos; aliás, é isso que, na Idade Média, recebia o nome de "simpatia". A simpatia não era entendida à época enquanto sentimento, enquanto estado psicológico do indivíduo, mas como força cósmica que dava ao mundo sua consistência e sua dinâmica. Uma destreza é adquirida apenas por meio da força de uma simpatia que nos leva a nos contagiarmos do mundo, a participarmos de suas formas, suas texturas, suas forças.

Isso nada tem a ver com o que, na atualidade, é pensado enquanto problema motivacional: a motivação é de ordem psicológica, e seus fins têm mais a ver com a administração dos desejos alheios do que com a atenção ao mundo. A simpatia, na condição de princípio de transfiguração do mundo, não é de ordem psicológica mas ontológica. Ela não faz referência ao sujeito, mas ao mundo no qual ele participa. Não se trata de seduzir uma consciência, mas sim de que ela possa se fundir com o real. Adquirir uma destreza não depende da vontade, motivação ou virtude de um sujeito, e sim de sua capacidade de deixar-se contagiar pelas coisas e se dissolver naquilo que faz; isto é, de sua capacidade de prestar atenção. Prestar atenção é diferente de entusiasmar-se pela novidade. Isto é o que a publicidade faz: chamar nossa atenção. Mas, para o desenvolvimento de uma destreza, a atenção deve estender-se no tempo e isso não é garantido por aquilo que se apresenta como mera novidade exuberante ou surpreendente, mas sim pela capacidade de, parafraseando Alejandra Pizarnik, "[...] olhar uma rosa até pulverizar os olhos" (PIZARNIK, 2004, p. 125). Existe uma profunda reciprocidade entre atenção e insistência: só aquele que está muito atento é capaz de repetir infinitamente os mesmos gestos. Os sujeitos distraídos costumam sentir que qualquer repetição é rotineira. Porque é precisamente a atenção que faz a diferença entre o ritual e a rotina. Não existe estudo sem ritualidade, mas a distração e a impaciência fazem de qualquer ritual uma simples rotina, um gesto mecânico e vazio, destruindo toda possibilidade de desenvolver uma habilidade.

Participar de uma tradição

Enquanto seres humanos, nosso mundo não é feito de simples coisas, mas, sobretudo, de objetos e artefatos, isto é, de coisas prenhes de tempo e labor. Por isso, participar do mundo, fundir-se com ele, envolve também participar de uma memória do mundo contida em obras, ferramentas e procedimentos, pois toda atividade humana colhe em seu desenvolvimento a memória daquilo que foi feito antes, isto é, participa de uma tradição. A tradição não é algo que se conhece nem algo que se possui; uma tradição é, antes, algo em que se participa. Resulta um pouco insensato declarar uma determinada atividade patrimônio imaterial de um povo, acreditando que desse modo será salva do esquecimento. Por exemplo, o ritual do churrasco na tradição gaúcha, e o conjunto de técnicas e sentidos que o constituem, não é algo que seja possível preservar da mesma forma que se preserva um prédio ou um monumento. Um churrasco é uma coisa na qual se participa, e nenhum argentino, uruguaio ou brasileiro pensaria que está protegendo um patrimônio cultural quando come churrasco com a família aos domingos; se assim o fizesse, isso seria uma prova de que esse ritual deixou de ser parte da sua cultura. Porque a tradição não é algo que se possui, mas algo no qual se está. Quando um artesão faz seu trabalho, suas mãos lembram a feitura daqueles que o precederam. Em um tecido quíchua de Cusco, é possível perceber a particular experiência da temporalidade dos povos andinos, e, na estilística sanguinolenta da pictografia cusquenha, podemos sentir ainda hoje a dor da conquista.

O repertório é um sedimento deixado pela ação humana. Esse resto encontra-se, sem dúvida, na memória motriz, afetiva, figurativa e conceitual daquele que cultiva uma atividade. Por vezes, utilizamos a palavra "experiência" nesse sentido e dizemos que um médico experiente é aquele que exerce sua profissão há muito tempo e possui o conhecimento e o domínio de certas habilidades médicas. Mas esses vestígios jazem também nas obras, nos procedimentos e

DO ÓCIO AO ESTUDO: SOBRE O CULTIVO E A TRANSMISSÃO DE UMA ARTE

nos próprios instrumentos de trabalho; isto é, nos artefatos culturais que conservamos e recriamos em cada atividade. Esses elementos que recebemos da tradição e da nossa história pessoal não constituem por si mesmos uma arte, mas apenas seus restos, e, por isso, precisam ser reanimados em cada trabalho. Por essa razão uma arte não se pode possuir, mas sim deve ser cultivada, dado que o que se possui materialmente de uma arte são apenas restos sonolentos. Do mesmo modo que é possível possuir uma parcela de terra e não cultivar nada nela, é possível também possuir um instrumento musical e não tocá-lo, ou uma biblioteca sem ter lido nenhum livro. O cultivo é una relação com as coisas, e não uma posse. Não é demais lembrar que a palavra "cultura" deriva da palavra latina *colere*, cujo sentido originário é justamente o de cultivo, lavoura, labor. Aquilo que caracteriza o cultivo não é a posse da terra, mas sim a atenção e o cuidado com a vida que se desenvolve nela. Logo, é possível dizer que não é culto aquele que possui, e sim aquele que presta atenção, isto é, aquele que mantém uma relação fecunda e vital com os restos recebidos do passado.

Sobre a transmissão

Podem-se dar e receber as ferramentas, os materiais e algumas obras exemplares, podem-se mostrar e chegar a conhecer os procedimentos, os nomes das coisas e as características gerais dos elementos empregados no trabalho; porém, não é possível dar nem receber o sentido dele, nem a relação singular que une cada sujeito com a arte que cultiva. O repertório é um vestígio e, enquanto tal, não constitui mais do que um resíduo que, forçosamente deve ser atualizado em uma relação singular, única e irrepetível. Sem essa vivificação dos vestígios recebidos, jamais existirá cultivo, isto é, cultura, arte, em sentido pleno. Uma teoria da transmissão deveria ser capaz de distinguir, no interior de uma arte, aquilo que é possível possuir e, consequentemente, dar e receber, aquilo que apenas é possível conhecer e, portanto, mostrar, sem jamais chegar a possui-lo, e aquilo que é necessário manter, acompanhar, cuidar ou cultivar (e que não é possível possuir nem mostrar). Por último, digamos que existe, em toda arte, algo que não pode ser possuído, mostrado nem cultivado, e, portanto, não pode ser objeto de transmissão, mas constitui, contudo, uma espécie de bússola para qualquer artífice. Esse algo apenas pode ser invocado, no mesmo sentido em que é invocado um espírito. Sua aparição é incerta, e, perante esse elemento, cabe apenas, em qualquer caso, tornar-se digno de sua presença. Na falta de melhores palavras, chamemos esse algo de verdade ou, simplesmente, de beleza.

O inapropriável

Em um texto de 1916, intitulado "Notas para um estudo sobre a categoria de Justiça", citado por Giorgio Agamben, Walter Benjamin estabelece uma curiosa conexão entre o conceito de justiça e o de inapropriabilidade. Nenhuma ordem de propriedade (escreve Benjamin), independentemente da concepção que se tenha dela, pode levar à justiça. O caráter da propriedade concerne a todo bem limitado, no espaço e no tempo. A propriedade, presa em sua própria finitude, é sempre injusta. A justiça consiste, fundamentalmente, na condição de um bem que não pode ser apropriado. Se lembrarmos (acrescenta Agamben em seguida) que a justiça, na passagem imediatamente anterior, consiste na condição de um bem que não pode ser apropriado, fazer do mundo um bem supremo apenas pode significar experimentá-lo como absolutamente inapropriável.

Por essa razão é o estudo, e não a aprendizagem, o gesto fundamental que melhor caracteriza a escola pública, dado que esse caráter público da escola reside, justamente, na possibilidade de apresentar o mundo e oferecer as técnicas que nos dão acesso a ele, mantendo-o como algo inapropriável. Como dizemos no início, a escola, em sua forma originária, é um dispositivo capaz de transformar o ócio em estudo; não em trabalho, mas em estudo. A escola que o neoliberalismo propõe, pelo contrário, pretende transformar o estudo em aprendizagem (ou em pesquisa) e a própria aprendizagem em trabalho e consumo, despojando-o assim do caráter ocioso que o caracteriza. Ela retira igualmente da escola seu caráter comum, pois a transforma em um mecanismo de apropriação privada, um meio para aumentar o patrimônio pessoal. A escola pública não é comum simplesmente porque todas as instituições escolares trabalhem com o mesmo currículo; não é comum por seu conteúdo, mas sim por sua forma, porque nela o mundo permanece inapropriável. Se a escola se define como gratuita, não é simplesmente porque não devamos pagar uma mensalidade, mas porque o que é feito nela é feito gratuitamente, isto é, é feito como um fim em si mesmo, e não visando à obtenção de lucros. Gratuidade vem de graça, e a graça é uma ideia antiga que pertence à órbita teológica. A graça é um dom divino que não é necessário ganhar nem merecer. Talvez a escola seja ainda uma das últimas instituições capazes de um semelhante dom, em que a vida não deve ser ganha nem merecida, mas é oferecida a todos, gratuitamente, em toda sua generosidade e abundância. A escola concebida como uma preparação para o mercado de trabalho não apenas reduz os seres humanos a uma mercadoria (força de trabalho), como também, ao privatizá-lo, empobrece e destrói o mundo comum.

Faz muito tempo que a humanidade desenvolveu os meios necessários para satisfazer as necessidades que a natureza impõe. Se ainda subsiste a pobreza, a fome, a violência e a humilhação não é por falta de recursos materiais nem meios tecnológicos. O problema não reside na dimensão do necessário, mas sim na do possível, reside em nossa impossibilidade de habitarmos um mundo verdadeiramente comum, ou seja, de mantermos, com as coisas, com os outros e conosco, uma relação justa que faça do mundo um bem supremo, um bem realmente comum, um bem inapropriável.

Referências

AGAMBEN, G. *Estancias:* la palabra y el fantasma en la cultura occidental. Valencia: Pre-Textos, 2006.

AGAMBEN, G. *Lo abierto*. Buenos Aires: Adriana Hidalgo, 2007.

AGAMBEN, G. *O uso dos corpos*. São Paulo: Boitempo, 2017.

AGRIPPA, C. *Três livros de filosofia oculta*. São Paulo: Madras, 2008.

ARENDT, H. *A condição Humana*. Rio de Janeiro: Forense Universitária, 2016.

ARISTÓTELES. *O homem de gênio e a melancolia*. Rio de Janeiro: Lacerda, 1998.

BURTON, R. Anatomía de la melancolía. Madri: Alianza, 2015.

FLUSSER, V. *Uma filosofia do design*: a forma das coisas. Lisboa: Relógio D'Água, 2010.

HEIDEGGER, M. La pregunta por la técnica. *In: Conferencias y artículos*. Barcelona: Ediciones del Serbal, 1994.

HEIDEGGER, M. *Os conceitos fundamentais da metafísica*: mundo, finitude, solidão. Rio de Janeiro: Forense Universitária, 2015.

PIZARNIK, A. *Poesía completa*. Buenos Aires: Lumen, 2004.

RANCIERE, J. École, production et egalité. *In: L'école de la démocratie*. Paris: Ediling, 1988.

SENNETT, R. *O Artífice*. Rio de Janeiro: Record, 2015.

Sobre formas de fazer:
o estudo e o ofício de professor

Caroline Jaques Cubas
Karen Christine Rechia

> *Estudar é realmente um trabalho difícil, exige de*
> *quem o faz uma postura crítica sistemática.*
> *Exige disciplina intelectual que não se ganha*
> *a não ser praticando-a.*
>
> Paulo Freire (1981, [s.p.])

Tornou-se corriqueiro, nos últimos tempos, a afirmação apressada de que professores precisam se adaptar aos tempos modernos. Em nome desse imperativo, vários dispositivos de controle e avaliação foram instituídos e novas tecnologias foram eleitas como possíveis salvaguardadoras de um futuro, impelindo professores e professoras ao domínio de ferramentas que tornassem suas aulas menos enfadonhas. Tal assertiva é facilmente observável quando trabalhamos com formação docente inicial e nos deparamos com alunos e alunas que, obstinadamente, buscam incorporar o uso de tecnologias na esperança de que estas garantam, de alguma forma, sucesso ou interesse pela aula planejada. Normalmente, as primeiras experiências são suficientes para demonstrar que as tecnologias, por si só, não fazem uma aula e que o ofício de professor é constituído por saberes e fazeres que antecedem e transcendem a escolha de métodos supostamente redentores (Masschelein; Simons, 2015; Biesta, 2017; Fernández Liria; García Fernández; Galindo Ferrández, 2017; Larrosa, 2018). Neste texto, nos dedicaremos a alguns desses fazeres. Nossa intenção é, ao pensar o trabalho do professor como um ofício, ressaltar o estudo entre seus gestos característicos. Para tanto, iniciaremos com a apresentação de relatos e ocorrências provenientes de nossa atuação como professoras que trabalham na formação docente inicial, ressaltamos a relevância do estudo como um gesto, um modo de vida e um elemento constitutivo do ofício que, por esta razão, precisa ter lugar nos anos iniciais da formação. Em um segundo momento, apresentamos notas sobre a formação inicial do professor e a sua condição no tempo presente. Estas pretendem, em termos gerais, destacar características, limitações e apresentar as proposições que subsidiam nossa mirada ao ofício. Desse modo, ao pensarmos, a partir de nossas atividades na formação docente inicial, exigimos atentar àquilo que nos une, em uma linhagem, aos nossos mestres.

O diálogo ao qual me refiro acontece entre professoras. Teve seu início em 2016, por ocasião de um conjunto de atividades relacionadas ao projeto Elogio da Escola[1] e pelo trabalho com a formação docente inicial, por meio de uma parceria firmada entre o Colégio de Aplicação da Universidade Federal

---

[1] O projeto Elogio da Escola consiste em um conjunto de atividades voltadas a pensar a escola em sua dimensão pública, seus espaços, tempos, gestos e materialidades. Em 2016, o projeto organizou o "I Seminário Internacional Elogio da Escola", precedido por um seminário preparatório dedicado ao estudo do livro *Em defesa da Escola: uma questão pública*, de Marteen Simons e Jan Masschelein. Este, ministrado pelo professor Jorge Larrosa. Nesse mesmo ano, promoveu igualmente um ciclo de cinema e um exercício teórico e prático, intitulado "Derivas" que, por meio de leituras, exercícios e caminhadas, propunha desenhar uma escola. Tais atividades resultaram na obra intitulada *Elogio da Escola*, publicada pela editora Autêntica, e *Elogio de la Escuela*, publicada pela Mino y Dávila.

de Santa Catarina e o Departamento de História da Universidade do Estado de Santa Catarina.[2] Tal parceria refere-se, entre outras atividades, ao acompanhamento dos estágios curriculares supervisionados em História, etapa fundamental da formação docente inicial. Nesses estágios, estudantes da segunda metade do curso de licenciatura devem dedicar-se ao ofício de professor, em suas mais diferentes dimensões. Para tanto, cumprem uma extensiva carga horária em instituições escolares e dedicam tempo à observação dos espaços, dos alunos, das aulas e, finalmente, assumem a condição docente, sempre acompanhados pelas professoras da unidade escolar e da Universidade.[3] A atuação como professoras que acompanham e orientam esse processo, na Escola e na Universidade, permite-nos não apenas a observação de inúmeros inícios – o início de cada um dos estudantes –, mas, especialmente, a abertura a uma experiência que tem algo de atípico e algo de ordinário, a saber, a experiência de se perceber como professoras que formam professores (CUBAS; RECHIA, 2017). Essa experiência nos instaura em uma curiosa condição, na medida em que nossa matéria de estudo é, também, nossa profissão.

O estudo como gesto pedagógico: o que faz com que um professor (também) seja professor

Ao entendermos o trabalho do professor como um ofício, ao identificarmos certos modos de fazer, passamos

---

[2] Ambas instituições públicas, localizadas na cidade de Florianópolis, em Santa Catarina, estado da região Sul do Brasil.

[3] De acordo com a resolução n.º 2, de 1º de julho de 2015, alterada pela resolução n.º 1, de 9 de agosto de 2017, que define as Diretrizes Curriculares Nacionais para a formação inicial em nível superior dos cursos de licenciatura; estes deverão contar com 400 horas dedicadas ao estágio supervisionado.

também a compreender que ele, dessa forma, só é possível, ou só é capaz de habitar um espaço escolarizado. Na obra *Em defesa da escola: uma questão pública*, Masschelein e Simons (2015) apontam vários elementos que compõem uma concepção do que é o escolar, que nos inspira e conduz. Escolhemos seguir esse itinerário no sentido de considerarmos as materialidades envolvidas em ações e práticas docentes no âmbito escolar.

Os autores reivindicam a escola como um lugar do tempo livre ou, melhor dizendo, a escola como instituição que, através da combinação peculiar entre tempo, espaço e matéria, cria uma forma que comporta um tempo livre e suspenso da sociedade, a democratização de um tempo livre. Temos aqui a noção de *skholé*, apropriada e referenciada neste texto.

Ao tornar o conhecimento como matéria de estudo, *suspende-se* certa utilidade, separa-se esse conhecimento de seu uso convencional e da apropriação pelos grupos sociais. A suspensão evidencia a separação de tempos e espaços que a escola promove – ao menos em sua acepção grega – e faz com que "as crianças podem parecer como alunos, os adultos como professores, e os conhecimentos e habilidades socialmente importantes como matéria da escola" (MASSCHELEIN; SIMONS, 2015, p. 36). Contiguamente, quando algo é afastado de seu uso habitual e disponibilizado para estudo, o elemento que surge seria o da *profanação*. Profanar, do mesmo modo, é tornar público, disponibilizar as coisas "para uso livre e novo", colocar algo *sobre a mesa* (MASSCHELEIN; SIMONS, 2015, p. 40-41). A suspensão e a profanação permitem um terceiro elemento que é o de promover a atenção, de criar o interesse pelo mundo. Porém o interesse aqui não é compreendido como uma escolha, uma motivação pessoal, e sim como algo que está fora de nós, que nos leva a estudar, para o qual nossa atenção deve ser canalizada, nesse caso, o próprio mundo.

SOBRE FORMAS DE FAZER: O ESTUDO E O OFÍCIO DE PROFESSOR

Um quarto componente diz respeito à tecnologia, considerada tanto em seus artefatos, como a cadeira e a carteira, a lousa, o livro, e ambientes como a sala de aula, a própria escola, quanto nos métodos de ensino, como os ditados, as apresentações orais, os exercícios variados, os exames, entre outros. A proposição fundamental aqui não é considerar as tecnologias como instrumentos formadores em série, tampouco como técnicas manipulatórias à serviço de uma geração e de suas ideias políticas. Nas palavras dos autores "as tecnologias da educação escolar são técnicas que, por um lado, engajam os jovens e, por outro, apresentam o mundo; isto é, focam a atenção em alguma coisa." (MASSCHELEIN; SIMONS, 2015, p. 65). De certa, forma é o que torna possível o tempo livre.

Outra noção inerente ao espaço escolar é de *igualdade*, e esta diz respeito a uma igualdade como princípio, no sentido que a coloca Rancière em *O mestre ignorante* (1991), de um *ser capaz de*. Não se trata de negar as questões individuais, o contexto do aluno, as diferenças intrínsecas ao processo de ensino, mas sim de tomar a igualdade como algo prático, inerente ao trabalho do professor e da escola, que "coloca a todos numa posição inicial igual e fornece a todos a oportunidade de começar" (MASSCHELEIN; SIMONS, 2015, p. 71). Nesse sentido, é o professor quem *verifica* cotidianamente essa igualdade, quem separa as coisas de seu uso normal e apresenta aos estudantes, e os desafia a uma "capacidade e a possibilidade de falar (de uma maneira nova, original, que cria novas ligações entre palavras e coisas), de agir, de ver etc." (MASSCHELEIN; SIMONS, 2015, p. 70). É o professor que crê, antes mesmo da escola, que todo aluno pode se interessar por algo, e que as formas de diferenciação se dão a partir dessa premissa, e não o contrário.

Como sexto destaque, é a partir da figura do professor que Masschelein e Simons falam do professor *amateur*. O ponto aqui não é descaracterizar o professor como profissional,

163

COLEÇÃO "EDUCAÇÃO: EXPERIÊNCIA E SENTIDO"

mas, como já inferimos na primeira parte, agregar ao seu papel um intrínseco *amor pelo assunto*, pela matéria de estudo, que, consequentemente, envolve seus alunos. Ao mesmo tempo, é um amor que não pode ser ensinado: nem aos seus alunos, nem aos professores que ele forma. Quem sabe o que ele possa, num gesto igualmente potente, seja "fechar a porta da sala de aula" e tentar produzir ali uma *presença no presente*, esse lugar temporal no qual queremos que nosso aluno se situe, que pode ser atingido, em parte, pelos exercícios e materiais, por uma certa disciplina, mas cuja proposição depende, em muito, do professor e de sua própria presença.

Mas certamente Pennac nos dá alguns indicativos do que pode compor essa presença:

> É imediatamente perceptível a presença do professor que habita a sala de aula. Os alunos a percebem desde o primeiro minuto do ano, nós todos temos essa experiência: o professor acaba de entrar, ele está totalmente lá, e isso se vê pela sua maneira de olhar, de cumprimentar os alunos, de sentar, de tomar posse da mesa. Ele não se dispersou por medo das reações deles, ele não está fechado em si mesmo, não, ele está dentro do que faz, logo no começo ele está presente, distingue cada rosto, a turma existe sob o seu olhar (PENNAC, 2008, p. 105).

A presença do professor certamente está relacionada a sua experiência e ao seu conhecimento, mas nos chama atenção, na formação inicial, que esta também pode ser *exercitada* nesse estar na sala de aula, nessa preparação da aula, e de si para esse momento. Nesse empenho de estar em sala, outros saberes e recursos são mobilizados; certo tipo de disciplina e de técnicas – não as que se separam do próprio fazer e por isso são formas esvaziadas – mas as que afluem para o estudo, o interesse e a atenção.

Na sequência, os autores abordam *uma questão de preparação*, para inferir que a escola é um lugar de preparação. Porém não uma preparação que visa o mercado de trabalho ou a entrada na universidade – no entanto, essas perspectivas também perpassam o ambiente escolar e as várias ideias de escola que os diferentes grupos que atuam na escola possuem – mas uma preparação em si. Esse estar bem preparado, estar em forma gira em torno da *matéria*, que envolve, como defendemos neste texto, o estudo e a prática. Pode-se dizer, inclusive, que é um tipo de "aprendizagem sem uma finalidade imediata" (MASSCHELEIN; SIMONS, 2015, p. 91).

Por fim, a questão que encerra, ou ao menos delimita, certa forma do que é o escolar diz respeito à *responsabilidade pedagógica*. Imbricada nessa questão, está uma ideia de formação e educação, que, para os autores, difere da socialização ou do desenvolvimento de talentos, posto que "trata-se de abrir o mundo e trazer o mundo (palavras, coisas e práticas que o compõem) para a vida" (MASSCHELEIN; SIMONS, 2015, p. 98). O espaço escolar seria esse tempo e espaço liberados para o próprio encontro com o mundo que, por outro lado, não é um encontro individual, pois não principia de um interesse ou do mundo imediato de cada um, outrossim de uma dimensão democrática e política que apresenta esse mundo compartilhado.

A responsabilidade pedagógica se evidencia, por um lado, em suspender a função imediata das coisas na formação do aluno, e por outro, em despertar um interesse *às palavras, às coisas e às maneiras de fazer* que impulsionam um mundo comum. Reiteramos que nossa intenção, ao evidenciar estes destaques, é a de trazer à luz elementos que nos auxiliem a olhar para a escola e para a sala de aula como espaços formadores das alunas e dos alunos na experiência da docência. Outrossim, não é o de enunciar – como dizem os próprios autores – uma escola ideal, mas de explicitar "o que faz com que uma escola seja uma escola, e, consequentemente, diferente de outros ambientes de aprendizagem (ou de socialização, ou de iniciações)" (MASSCHELEIN; SIMONS, 2015, p. 29).

A aula como um lugar público

Ao atribuirmos importância a essa concepção, algumas observações emergem dos cadernos de anotações dos estagiários:

> [...] Assim, por ter aula com uma professora e observar a aula da outra, existem momentos onde o que discutimos na disciplina com a professora XXX acaba por transparecer na metodologia e execução da professora XXX, nos ajudando a compreender conceitos e discussões que, por vezes, tendem a abstração. Podemos notar então como a pesquisa também interfere no seu fazer aula, pois os dois campos (a pesquisa e o fazer aula) se retroalimentam, possibilitando uma pesquisa baseada na experiência e uma experiência baseada na pesquisa. (Caderno de anotações das observações, julho/2018).

O que eles chamam de pesquisa constitui-se mais como campo de observações, leituras e conversações estabelecidas entre nós duas. De tal forma que não há prazos estabelecidos ou relatórios a fazer, como numa pesquisa institucional, mas que por força dessa configuração intensiva de um tempo e espaço de estudo ao qual temos nos debruçado, tende a tornar-se institucionalizada, como decorrência desse processo. Ou seja, não nomeamos ou criamos hipóteses configurando um campo de investigação e depois procuramos torná-lo preenchível, palpável, "medível". Ao contrário, ao perceber que nossa insistência em buscar outros elementos para compreender esse espaço fluido na formação de professores e seus desdobramentos – notadamente na filosofia da educação – constituiu um *locus* estudioso entre nós, identificamos que este era um movimento não só possível, mas importante na atuação desses professores em formação. Dessa forma, nosso empenho passa ser o de observar e ao mesmo tempo de incentivar, criar, dar a ver esse "modo estudioso" entre os estagiários.

De certo modo, fomos nos afastando de uma ideia de um "aprender" a ser professor – não que certa dimensão do aprender não esteja ali presente –, mas nos aproximando de fundamentos que estão na composição de uma aula e que, por sua vez, podem "iluminar" tudo que está a sua volta. Dizendo de outra maneira: a aula não seria o produto final desse processo, mas sim o primeiro plano a ser observado e decomposto. Numa analogia ao cinema, o plano fílmico sobre o qual o estudante se debruça, para compreender com quais movimentos de câmera, com quais luzes, com que personagens, com que sons e narrativas ele pode compor a mesma cena ou criar outras.[4] Como o cineasta, ele adquire a capacidade de imaginar, mas somente porque ele já assistiu a inúmeros filmes e talvez tenha repetido vários deles, com um olhar atento, paciente – ou insistente – e, muitas vezes, solitário.

No processo de acompanhamento das observações e elaboração dos planos de aula, há um empenho de nossa parte para que os estagiários atentem mais à forma que ao conteúdo. Isso acaba por se revelar nos relatos de observação,

---

[4] Um diálogo interessante sobre as semelhanças e as diferenças entre um plano de filme e um plano de aula teve lugar no II Seminário Internacional "Elogio da Escola": sobre o ofício de professor, em Florianópolis, em 2018. O diálogo entre o professor e filósofo da educação Jorge Larrosa e o cineasta brasileiro Cristiano Burlan, foi transformado em texto e está no livro *Elogio do professor* (2021).

incluindo a dificuldade em relação a essa inversão, como registra esta estagiária:

> [...] eu pessoalmente aprendi muito mais sobre a Revolução Francesa com a aula da professora XXX para o ensino médio do que na minha graduação – em meu diário de anotações eu constantemente precisei me lembrar de observar a turma de fato e não fazer anotações sobre a aula (Caderno de anotações das observações, julho/2018).

A aula, do ponto de vista da estudante, caracterizar-se-ia pelo conteúdo histórico e por certa maneira particular de ensiná-lo. O viés que propomos considera outros marcos nesse processo. A aula é justamente o lugar no qual grande parte do estudo sobre o ofício do professor intercorre, e não pode ser definida apenas pela transmissão de um conteúdo e pela singularidade com que essa transmissão acontece.

Ao situarmos a aula no centro da diferenciação entre aprender e estudar um ofício, estamos afirmando o papel público do ensino e do professor, que "não está conectado com seu conhecimento ou maestria, mas com sua atenção em direção a algo em comum e com seu convite (e inclusive suas ordens) aos estudantes para que façam o mesmo" (CORNELISSEN, 2011, p. 68). Portanto é público "não no sentido de que o professor esclarece algo que antes estava oculto, mas no sentido de que o professor ilumina perguntando/pedindo atenção sobre algo" (CORNELISSEN, 2011, p. 68).

A discussão que Cornelissen desenvolve a partir da figura de Jacotot, personagem de *O mestre ignorante*, conhecida obra de Jacques Rancière, nos afeta em nossas práticas como formadoras de professores, justamente por que se atém – e como assim também o compreendemos – ao papel público do ensino e do ensinar. Ao mesmo tempo, como nos diz o autor,

SOBRE FORMAS DE FAZER: O ESTUDO E O OFÍCIO DE PROFESSOR

[...] é importante enfatizar, porém, que esta maneira de repensar e reaproveitar o papel público de ensinar não pode ser entendida como método, no sentido de que algo que pode ser aprendido o adquirido em termos de conhecimento, competências ou de habilidades. No entanto, o exemplo de Jacotot sugere que qualquer um pode preparar-se para prestar atenção (CORNELISSEN, 2011, p. 69).

Maneiras de ser professor

Não há, portanto, um método para ensinar a ser professor, nem no sentido de uma vocação orientada a competências e aprendizagens individuais. Aliás, a noção de aprendizagem, ou de um ambiente de aprendizagem para essa formação docente, vai ao encontro ao que estamos propondo na formação inicial. Por isso, consideramos essa formação mais próxima de um ofício do que de uma profissão. Elegemos a ideia de ofício, e não de profissão, não só pela "contaminação" dessa pela ideologia do profissionalismo e de sua associação com competências e resultados, mas também porque nos reconhecemos, ao falar de ofício, naquilo, conforme Larrosa,

[...] que incorpora uma série de hábitos que constroem um *ethos*, um costume, um modo de ser e de atuar, um modo de viver; nisso de que o ofício deve ser exercido com devoção, entregando-se a ele, respeitando-o, e sem qualquer sentimento de opressão sobre nossa natureza em função do nosso dever; isso que implica compromissos e, às vezes, lutas; nisso de que o ofício de professor implica questionar tudo; e, sobretudo, fugindo de toda solenidade e de toda grandiloquência; reconheço-me também no que o ofício tem de ínfimo e de cotidiano, de algo que se faz a cada dia (e não em momentos especiais) e de um modo sempre menor, com gestos mínimos, modestos, quase desapercebidos, sem espetáculos nem artifícios (LARROSA, 2018, p. 319-320).

O que consideramos portanto, nesse processo, são práticas de estudar a escola e a aula, não para aprender suas lógicas supostamente em constante transformação no âmbito da sociedade, ou para formar especialistas na aprendizagem, mas, talvez, como observa Cornelissen, "oferecer aos (futuros) professores um tempo e um espaço (separados) para o exercício e a experimentação (experiência)" (CORNELISSEN, 2011, p. 70). Por isso, o foco não está num método docente, mas mais na ativação de uma experimentação que poderia ser caracterizada a partir de uma máxima ranceriana: e tu o que vês? E tu o que pensas? E tu o que fazes? Uma experimentação desenvolvida por meio de observações, pensamentos e práticas que coloquem a escola – e por conseguinte a sala de aula – como matéria de estudo, como o desenvolvido por Masschelein e Simons (2015) ao demarcarem o que é o escolar. Voltamos à citação de Cornelissen para sublinhar, além da experimentação, a ideia de oferecer aos professores em formação, um tempo e um espaço separados. Essa é a lógica da *skholé*.

Ao optar por afirmar o estudo como constitutivo da formação inicial na trajetória que produz, de certa forma o professor, compreende-se nessa trajetória um saber fazer, que por sua vez tentamos descolar tão somente do aprendizado e aplicação de metodologias. Como também estamos seguindo uma concepção de ofício para o trabalho do professor, talvez pudéssemos denominar esse saber fazer como "maneiras".

O estudante de estágio certamente partilha de um conjunto de regras comuns e legadas, de um conjunto de fazeres que o fazem identificar e diferenciar o trabalho do professor de outros trabalhos – ou pelo menos deveriam –

ao mesmo tempo que desenvolve um jeito próprio, singular de colocar-se no exercício da docência. Em realidade, é o desenvolvimento desse jeito singular somado aos saberes docentes em questão[5] que fazem com que ele perceba que não há como "aprender" esse ofício, mas tão somente, observá-lo, prepará-lo, repeti-lo, enfim, estudá-lo.

Ainda em relação à "metodologia", Larrosa coloca em xeque a palavra ao identificar certa "tirania metodológica" nas instituições educativas atuais, no sentido de uma padronização dos métodos, de um cerceamento e, no limite, desqualificando o trabalho intrínseco do professor. Afirma, dessa forma, suas próprias maneiras de fazer:

> [...] creio que o que procuro fazer é colocar em marcha uma série de procedimentos orientados ao pensamento (seja o que for). Não à assimilação de conteúdos, à obtenção de resultados de aprendizagem ou à aquisição de competências, mas a colocar em jogo o melhor da sensibilidade e da inteligência de cada um dos participantes em um jogo de leitura, escrita e conversação que não pode (nem quer) antecipar seus resultados (LAROSSA, 2018, p. 302).

Sua crítica fundamenta-se, entre outras coisas, na contramão da produção de resultados e eficácias educativas.

Pois bem, no interior dessa noção de "maneiras" de fazer, o que os estagiários devem observar? Uma infinidade de gestos pedagógicos. E por "gestos" compreende-se "como um movimento do corpo ou de um instrumento unido ao mesmo, para o qual não se dá nenhuma explicação causal satisfatória. A fim de poder entender os gestos assim definidos,

---

[5] Sobre os saberes da formação e prática docente, fazemos referência aos inúmeros estudos de Tardif, como *Saberes docentes e formação profissional* (Petrópolis: Vozes, 2004), e também à Paulo Freire em *Pedagogia da autonomia: saberes necessários à prática educativa* (São Paulo: Paz e Terra, 2009).

é necessário descobrir seus significados" (FLUSSER, 1994, p. 10). Dessa forma, para Flusser, estamos limitados a uma leitura intuitiva desse mundo dos gestos, que por sua vez é decodificado pela própria cultura, porque articula em si um símbolo e um significado. No entanto, as explicações causais, científicas, por mais que sejam substanciais a sua compreensão, não a atingem plenamente. A verdade é que um gesto "o é porque representa algo, porque com o mesmo só se trata de dar um sentido a alguma coisa" (FLUSSER, 1994, p. 11).

Portanto, ao mesmo tempo em que prescrevemos aos estudantes a percepção de uma gestualidade simbólica e comum, realçamos, à maneira de uma "leitura intuitiva", aquilo que nos escapa, que complexifica o papel do professor, revelando certa singularidade. Essa combinação entre singular e comum no tocante ao ofício é ponto crucial no tempo das observações; é onde acreditamos que os estudantes possam perceber esse sentido maior do gesto: o de, mais do que representar, apresentar algo, dar sentido à alguma coisa.

O papel exercido pela professora coorientadora,[6] a professora da instituição escolar, talvez seja o que mais promova consciência do ofício. Ao preparar suas aulas para o período de observação dos estágios, decompõem ela mesma seu fazer, para mostrá-lo: há ali, em sala de aula, uma espécie de ensaio permanente. O uso dos materiais e a preparação da aula é alvo de conversas nas quais são destacadas aquilo que

---

[6] No documento elaborado pela disciplina de História da referida instituição escolar, que rege o estágio curricular, o professor da escola é denominado de coorientador, cuja "função é zelar para que as intervenções propostas no estágio estejam em consonância com o processo de ensino-aprendizagem em que se encontra a turma. Para tanto, acompanha e orienta, em parceria com o professor de Prática de Ensino, as atividades propostas pelos estagiários. O professor coorientador é, portanto, a principal referência do estudante de Estágio Curricular Obrigatório na escola" (Orientações para a realização do Estágio Curricular em História, 2016).

é próprio do escolar, e que consideramos fundamental para estudar e praticar o ofício.

Considerações em torno do ato de estudar

A noção de ensaio permanente, para falar desse momento de observação e do papel exercido pela professora coorientadora, tem sua inspiração em um filme de Pedro Costa intitulado *Ne change rien*.[7] O reconhecido cineasta português acompanha e filma a atriz e cantora francesa Jeane Balibar por cinco anos em ensaios, gravações, alguns concertos, aulas de canto etc. Parte fundamental do documentário se passa num estúdio em Tóquio com ela e seus músicos. Há uma tentativa, por parte do cineasta, de captar se o trabalho de Jeane com os músicos se assemelha a ideia que ele tem de cinema, como um exercício ascético, paciente e de trabalho diário. A película está toda baseada na repetição: assistimos a cenas e mais cenas de preparação e de repetição dos movimentos do corpo, da voz e dos embates com o som dos instrumentos. Introduz, de certa forma, o espectador na disciplina e num certo tédio da criação musical, que também pode ser entendido como um elemento indispensável à criação.

Como na formação inicial, os estudantes são submetidos a disciplina e ao tédio da composição de uma aula, no sentido da preparação que a envolve e de uma ritualidade com a qual se deparam em sala de aula e para a qual deveriam atentar. No texto "A lição mais bonita do mundo",[8] López aproxima

---

[7] *Ne changes rien*. Direção de Pedro Costa. Portugal/França, 2019. 143 min.

[8] Este texto trata-se de uma carta do professor Maximiliano Valerio Lopez ao professor Jorge Larrosa. Está presente na obra de Larrosa, *Esperando não se sabe o quê:* sobre o ofício de professor (Belo Horizonte: Autêntica, 2018. p. 421-423).

a figura do artesão da do professor, e a distância, em certo sentido, da figura do artista. Dado que ao artista é reivindicada uma certa originalidade, autoria, criatividade e iniciativa, por outro lado, o professor apresenta uma "modéstia constitutiva", típica do trabalho artesanal e cujos procedimentos não estão subordinados à eficácia e à eficiência". Acima de tudo os desenvolve de "uma maneira quase ritual" e, diríamos, aprecia as coisas e o modo de poder fazê-las, com atenção e cuidado. O professor nunca será o autor ou o inventor de quem fala, mas o único a fazer falar esse autor, fazê-lo brilhar. Como diz López, ele "trabalha atento e minucioso para criar um objeto muito particular: a lição" (2018, p. 422) o que, em nosso caso, chamaríamos de aula.

Numa das passagens da obra de Larrosa, *Esperando não se sabe o quê*, numa seção nomeada "De um ofício como outro qualquer", o autor cita um documentário sobre a obra de um famoso músico brasileiro falecido, Tom Jobim e diz que o que lhe chamou atenção foi o depoimento de sua irmã e de sua primeira esposa, que enfatizava as muitas horas de estudo de Tom a "praticar escalas, a experimentar harmonias, a estudar outros compositores"(2018a, p. 423), cotidiana e repetidamente para, ao final, apresentar composições que pareciam ter sido saídas espontânea e naturalmente de seu talento. O que queremos destacar com estas referências é a preparação como elemento do que estamos definindo como estudo, bem como seus gestos constitutivos.

Parte dessa preparação está relacionada aos artefatos do universo docente, os quais compreenderiam o que podemos chamar de uma tecnologia escolar.[9] Entre 2017 e 2018, um

---

[9] Entendemos tecnologia escolar segundo a concepção de Masschelein e Simons (2015), como os artefatos simples como ao lousa, o giz, a carteira, a cadeira, o lápis, bem como métodos, tais como o ditado, as tarefas, os lembretes e os exames.

grupo de professores do Colégio de Aplicação da Universidade Federal de Santa Catarina reuniu-se com a proposta de desenvolver "exercícios de pensamento" acerca do ofício de professor.[10] O objetivo era o de, através da observação e de registros materiais, identificar o que compunha o ofício do professor, quais os gestos, os materiais, os espaços, enfim, certa atmosfera que envolve o trabalho docente e que, de certa maneira, o define.

A primeira constatação é a de que havia um dentro e um fora da sala de aula, e que em ambos os lugares o professor encontrava-se rodeado por artefatos. Uma das professoras filmou as mesas dos colegas e foi possível identificar ali vários elementos comuns, como os calendários e grampeadores. A presença desses e outros objetos nos fez concebê-las como mesas de montagem, uma preparação para a sala de aula. Outra filmagem deu a ver o interior das bolsas e mochilas docentes e a infinidade de materiais relacionados ao ofício, que, ao serem mostrados, se desdobravam em explicações sobre seus usos. Como disse a colega: "Um professor carrega o mundo". Ao adentrar na sala de aula, outro participante realiza fotos da lousa; a cada disciplina, um quadro se mostra, um registro se faz. Além disso, como diriam Masschelein e Simons: "A lousa não é apenas uma superfície em que a matéria aparece na forma escrita. Muitas vezes a lousa mantém o professor no chão" (MASSCHELEIN; SIMONS, 2015, p. 55).

Nesse sentido, entendemos que os professores em formação devem – mais do que realizar entrevistas com os

---

[10] Tal exercício faria parte de um conjunto de atividades denominadas "Elogio da Escola", do qual somos coordenadoras, cujo tema em 2018 foi "Elogio da Escola: sobre o ofício do professor". Tal atividade foi exposta também na instituição escolar, sob o nome de "Elogio ao ofício do professor: uma exposição".

docentes – observar, registrar e pensar a respeito dos artefatos e, por conseguinte, das tecnologias envolvidas nesse saber fazer. O que se quer é que esses estudantes possam estudar também os artefatos e as tecnologias escolares no sentido de ampliar o olhar sobre essas materialidades. Dessa forma, espera-se que algumas dicotomias, como tradição *versus* inovação, não façam parte de seu repertório. Como expressa Larrosa,

> Acredito que para compreender a um professor é preciso perguntar-se quais artefatos usa e quais não usa, porque o faz e o que mobiliza com esses artefatos. Que é o que dar a ver, escutar, ler, escrever, pensar, e que é o que eles invisibilizam ou silenciam. Todavia, os artefatos do professor muitas vezes se tornam invisíveis, sobretudo desde perspectivas que entendem o ofício de professor como intercâmbio intelectual, mas desprovido de materialidade (LARROSA, 2018b, p. 61).

Portanto, ao contrário de esvaziar o trabalho do professor de sua materialidade, que essa compreensão possa fortalecer o lugar dos saberes docentes. Ainda Larrosa, ao definir certas características próprias do ato de estudar, diz que "o estudo requer, também, atenção, humildade, repetição, paciência, certa obediência inclusive, um certo deixar-se mandar pela matéria mesma de estudo" (LARROSA, 2018b, p. 158). Em 1968, em seu exílio no Chile, o grande educador brasileiro Paulo Freire escreveu um texto intitulado "Considerações em torno do ato de estudar", cujo conteúdo diz respeito a certas prescrições para quem quer estudar um texto. O que o ato de estudar requer de quem estuda: "Que o ato de estudar, no fundo é uma atitude frente ao mundo. [...] Que o ato de estudar demanda humildade". E por fim, que "estudar não é um ato de consumir ideias, mas de criá-las e recriá-las" (FREIRE, 1981, [s.p.]).[11] De certa forma, tem sido nossa tentativa na formação inicial fazer com que os estagiários sejam estudantes e se entreguem ao estudo. Que um professor não é um pesquisador nem um autor necessariamente, mas um estudioso; que o estudo não produz resultados nem obras, que ele não trabalha para um mundo produtivo, e talvez por isso, diferente da aprendizagem, o estudo nunca se acabe.

A formação docente inicial e a condição de professor no tempo presente

A formação docente inicial é um tempo/espaço bastante particular. Ao assentar-se sobre a proposição de formar professores, pode, por vezes, engendrar a equivocada expectativa de abarcar aqueles que seriam os atributos incontornáveis para o desempenho do ofício. Mas o que significa essa pretensão de formar professores? O que dá forma a um professor? E, ainda, quais os critérios adequados para a definição dos atributos citados anteriormente? Em torno dessas questões instauram-se amplos debates, dedicados, via de regra, a delimitar distinções entre saberes e o grau de relevância destes para o exercício da profissão. Um olhar panorâmico para o século XX nos possibilita perceber meandros desses debates, constituídos pelas mudanças sociais que afetam o ofício e, igualmente, pelas questões políticas que acompanham o desenvolvimento e a definição de fronteiras das distintas áreas de conhecimento. Tanto as questões sociais quanto os debates políticos acerca das áreas são relevantes à nossa discussão no sentido em que delimitam – e limitam –, em certa medida, algumas das

---

[11] Escrito em 1968, no Chile, esse texto serviu de introdução à relação bibliográfica que foi proposta aos participantes de um seminário nacional sobre educação e reforma agrária. Posteriormente foi publicado em 1981, na obra *Ação cultural para a liberdade* (Rio de Janeiro: Paz e Terra).

possibilidades de exercício do ofício docente (Julia, 2001; Rusen, 2006; Bittencourt, 2011; Koselleck, 2013).

No que tange às questões políticas referentes às fronteiras, distâncias e aproximações que caracterizam as áreas de conhecimento, é suficiente ressaltar a existência de uma persistente tensão entre aqueles que seriam os conhecimentos específicos de uma área determinada – e que deveriam ser ensinados – e aqueles considerados pedagógicos, que, percebidos de forma bastante reducionista, diriam respeito às ferramentas metodológicas que garantiriam alguma sorte de adequação dos conhecimentos científicos aos espaços escolarizados. O debate se coloca então entre aqueles que ressaltam a centralidade dos conhecimentos específicos de uma área e aqueles que defendem os conhecimentos didáticos como primordiais para o exercício do ofício docente (Rusen, 2006). Ainda que tal tensão seja recorrente, torna-se cada vez mais consensual – ao menos enquanto discurso formativo – a necessidade de se equalizar aqueles que passaram a ser chamados comumente de saberes docentes e que, uma vez apropriados, garantiriam o exercício profissional do ofício (Tardif, 2018). Tais saberes, cotidianamente mobilizados, seriam assim, elementares. Envolveriam o conhecimento específico de uma área ou disciplina, os conhecimentos didático-pedagógicos para o ensino dessa disciplina e, finalmente, os conhecimentos psicossociais, que garantiriam uma aproximação à realidade dos alunos, compreendendo essa realidade como um conjunto de condições sociais e psicológicas que influenciariam fortemente o percurso formativo dos estudantes. Esses saberes estão presentes – com mais ou menos veemência – nos cursos de formação inicial de professores (as licenciaturas).[12] Ao abordá-los

---

[12] Conforme o inciso 6 do artigo 3 da resolução n.º 2, de 1º de julho de 2015: O projeto de formação deve ser elaborado e desenvolvido por

aqui, empregamos propositalmente o condicional não para negar sua importância. Acreditamos, contudo, que esses saberes, relevantes por certo, não encerram todas as facetas do ofício de professor.

Saberes de Ofício

Certos elementos fundamentais parecem não se enquadrar nos saberes acima elencados e, por mais que pareçam óbvios, precisam ser anunciados. Falamos aqui de hábitos, maneiras, atitudes que constituem o ofício, mas que não estão categorizados ou enquadrados como conhecimento e que, portanto, não costumam ser matéria de estudo ao longo da formação de professores. Tratam-se, porém, de elementos incontornáveis, ao mesmo tempo abstratos e absolutamente materiais e ordinários. Nos referimos aqui àqueles elementos que dão materialidade ao ofício. Que permitem perceber-nos como partícipes de uma comunidade, alinhados a uma sorte de tradição (LARROSA, 2018, p. 131). Em *Nous autres professeurs*, texto escrito em 1969 pela helenista Jacqueline de Romilly e apresentado por ela como uma profissão de fé

---

meio da articulação entre a instituição de educação superior e o sistema de educação básica, envolvendo a consolidação de fóruns estaduais e distrital permanentes de apoio à formação docente, em regime de colaboração, e deve contemplar: (I) sólida formação teórica e interdisciplinar dos profissionais; (II) a inserção dos estudantes de licenciatura nas instituições de educação básica da rede pública de ensino, espaço privilegiado da práxis docente; (III) o contexto educacional da região onde será desenvolvido; (IV) as atividades de socialização e a avaliação de seus impactos nesses contextos; (V) a ampliação e o aperfeiçoamento do uso da Língua Portuguesa e da capacidade comunicativa, oral e escrita, como elementos fundamentais da formação dos professores, e da aprendizagem da Língua Brasileira de Sinais (Libras); (VI) as questões socioambientais, éticas, estéticas e relativas à diversidade étnico-racial, de gênero, sexual, religiosa, de faixa geracional e sociocultural como princípios de equidade.

Coleção "Educação: Experiência e Sentido"

sobre o *métier de professeur* diante das crises que emergiam no sistema educacional francês de então, Romilly nos deixa ver alguns desses elementos. Ao falar dos desafios impostos pela corriqueira prática de avaliar e atribuir nota, tece considerações sobre as colossais proporções das pequenas decisões, nas quais demoramo-nos, por vezes, em detalhes, argumentos e indefinições. Tais minúcias são apresentadas como o reverso da probidade e consciência que, segundo a autora, caracterizam o ofício. Em suas palavras: "Estas são as marcas do ofício, como os calos nas mãos dos trabalhadores. Nós não temos que negá-las" (ROMILLY, 1991, p. 40).

São vários, podemos afirmar, os gestos do ofício que marcam o corpo e constituem o que é ser professor. Tais gestos e modos de fazer são comumente formados no percurso, por meio da prática, das lembranças, das inspirações, dos saberes advindos da leitura e da experiência. Não podem ser reivindicados, portanto, como conhecimentos específicos de uma área ou outra e não podem, igualmente, ser transpostos. São, porém, característicos de um ofício. Indispensáveis, ordinários e, muitas vezes, imperceptíveis. Figuram, talvez, nas zonas de não conhecimento, das quais nos fala Agamben. Ao ensaiá-las, afirma que articular uma zona de não conhecimento "não significa, de fato, simplesmente não saber, não se trata somente de uma falta ou de um defeito. Significa, pelo contrário, mantermo-nos na exata relação com uma ignorância, deixar que um desconhecimento guie e acompanhe nossos gestos" (AGAMBEN, 2014, p. 166). Acreditamos, por isso, que é imprescindível assomá-los durante o período de formação docente inicial. Não para domá-los, mas sim para dar a eles a devida atenção. Nos referimos àqueles gestos e a maneiras que passam desapercebidos, que não recebem alarde e que, ainda que invisíveis, fazem-se invariavelmente presentes no espaço-tempo de uma aula. Entre eles, salientamos aqui o estudo. Não o estudo voltado ao desenvolvimento de uma aprendizagem pontual, mas antes o estudo como gesto, na medida em que instaura um *ethos*, e como forma de vida (AGAMBEN, 2015), como dimensão constitutiva do ofício de professor.

Por mais que pareça evidente afirmar o estudo como intrínseco ao ofício, amparamo-nos em Gerard Genette para inferir que definições por demais simples e aparentemente evidentes incorrem no inconveniente de se limitar e, de maneira similar, limitar-nos à simplicidade e evidência. Tais definições arriscam anuviar nosso olhar, encobrindo as dificuldades, tensões, sutilezas e fronteiras que nos auxiliam a delinear qual é, afinal, o lugar de estudo em nosso ofício (GENETTE, 1966). Quando falamos em lugar ocupado, não nos referimos a uma função. Não se trata aqui de pensar para que serve o estudo. A atribuição de uma justificativa utilitária seria, a nosso ver, a própria negação do que o estudo preconiza. Ao tratarmos o estudo como uma forma de vida, gostaríamos de ressaltar a ideia de forma e considerar, assim, que essa vida não pode ser separada de sua forma. Tratamos de um professor que estuda. Que estuda não para aprender algo, mas porque é o gesto de estudar, entre outros, que o permite habitar o ofício. Cremos, portanto, muito mais relevante que buscar uma função, pensar em termos de presença (GUMBRECHT, 2010). Pensar como somos afetados pelo hábito estudioso e como isso dá forma a maneiras particulares de ser professor. Maneiras particulares, mas, conforme dito anteriormente, identificáveis como características desse ofício. Eis porque nos propomos aqui a pensar que o estudo nos forma e nos dá forma. Ao mesmo tempo, somos incitados a questionar quais as formas de estudo que (não) se fazem possíveis no tempo presente, nos processos de formação e exercício do ofício docente. Tal questão, direta e aparentemente ingênua, visa desordenar certezas. Visa impor a necessidade de uma resposta. Uma resposta que requer busca, atenção e disciplina afinal "a verdade nunca é produto de uma boa vontade prévia, mas resultado de uma violência sobre o pensamento" (DELEUZE, 2006, p. 15). É preciso desnaturalizar a presumida presença do estudo no ofício como elemento óbvio para perceber que, no tempo presente, ele nos parece cada vez mais impróprio, cada vez mais ausente.

"Como um oásis na trama dos dias"

A percepção dessa ausência e dessa impropriedade não é apenas uma impressão. Ela se manifesta em diferentes instâncias: desde a formação inicial até as exigências e demandas impostas aos professores dos distintos níveis de ensino. Ao observarmos os documentos que regem a formação inicial e as exigências profissionais feitas aos professores, percebemos que estas acabam por moldar formas de ser professor que não dão espaço e, particularmente, tempo para determinadas práticas – por mais fundamentais que sejam consideradas – como o estudo. Isso porque o estudo, da maneira como o compreendemos aqui, não traz consigo uma finalidade prática. Não atende aos apelos de um mercado. Não pode ser quantificável ou capitalizável. A formação docente inicial, por outro lado, tem cada vez mais fundamentando-se em uma lógica de aprendizagem, de desenvolvimento de competências e habilidades voltadas, na maioria das vezes, à garantia de inserção no mercado de trabalho e atuação profissional adaptada a lógicas produtivistas. Ao tratar da educação como possibilidade de intervenção – e não adaptação – no mundo, Paulo Freire parece corroborar tais impressões ao afirmar que "é uma imoralidade que se sobreponha, como se vem fazendo, aos interesses radicalmente humanos, os do mercado" (FREIRE, 2015, p. 98). Tal lógica, colonizada por uma linguagem/

racionalidade de mercado não é recente e, tampouco, uma particularidade do caso brasileiro (BIESTA, 2017).

Pensando as condições de exercício deste ofício no presente, Masschelein e Simons identificam imperativos que, nas palavras dos autores, terminam por "domar (os professores) em nome das exigências atuais do mercado, do consumo ideal e da empregabilidade" (MASSCHELEIN; SIMONS, 2013, p. 140). É importante ressaltar que, quando se referem ao professor, tratam de uma "figura pedagógica que habita escola" (MASSCHELEIN; SIMONS, 2013, p. 131). Dessa maneira, ele é pensado apenas por meio das relações que estabelece – com seus alunos e com sua matéria – no exercício de seu ofício e no espaço no qual este ofício se realiza, a saber, a escola.[13] São justamente essas relações particulares estabelecidas com os estudantes e com a matéria que vem sendo fragilizadas pela primazia de uma lógica da aprendizagem colonizada, reafirmamos, por uma racionalidade mercadológica. Tal racionalidade atua, entre outros aspectos, no sentido de neutralizar a relação de amorosidade, que, para os autores, é igualmente constitutiva daquilo que implica ser professor.[14] À amorosidade como conformadora do ofício é atribuída importância similar que ao conhecimento e a metodologia. Ela materializa-se por meio de pequenos gestos, falas e escutas que manifestam amor pelo assunto e pelos alunos (MASSCHELEIN; SIMONS, 2015, p. 76). Esse amor pelo assunto diz respeito à atenção e à dedicação apaixonada que um

---

[13] Escola compreendida aqui como um espaço pedagógico. Para ós autores "o espaço pedagógico não é, pois, uma infraestrutura ou uma instituição preexistente, em que mestre e criança se introduzem para produzir o aprendizado. O espaço pedagógico abre-se com a interrupção da pedagogia e da instituição, com a separação do aluno em relação a si mesmo" (MASSCHELEIN; SIMONS, 2014, p. 39).

[14] A noção de amorosidade baseia-se, entre outras, na concepção arendtiana de *amor mundi*. No que concerne ao professor ou professora, este amor se expressa na abertura e compartilhamento de um mundo comum.

COLEÇÃO "EDUCAÇÃO: EXPERIÊNCIA E SENTIDO"

professor entrega à sua matéria de estudo, que é perceptível na maneira como ele, por vezes, personifica essa matéria no curso de uma aula. Esse movimento é expresso de forma bastante pessoal por Romilly, nas palavras que transcrevemos a seguir:

A hora da aula é como um oásis na trama dos dias: é uma hora reservada ao conhecimento, à verdade, à inteligência. É uma hora em que nada mais importa que a demonstração de um teorema, a exatitude de uma tradução, a beleza literária de uma obra. E eu diria que esta hora representa, em certo sentido, um privilégio raro: pois há alegria maior que a de fazer com que os outros compreendam aquilo que sabemos e amamos? (ROMILLY, 1991, p. 33).[15]

Através desta relação amorosa com a matéria, o professor, ao falar dela, instaura-se em um presente a ser compartilhado com alunos e alunas. Nesse "oásis na trama dos dias", do qual fala Romilly. Num presente a parte do tempo cotidiano e que exige atenção ao assunto. Esta relação com a matéria, que certamente não pode ser ensinada, apenas experienciada (por alunos e professores), traz consigo exigências como a prática, a perseverança, a dedicação, a atenção e, fundamentalmente, o estudo.

Profissionalização e as gretas do presente

Todavia, por mais que sejam imprescindíveis ao ofício docente, certas práticas vão de encontro às demandas de

---

[15] *L'heure de cours est comme une oasis dans la trame des jours : c'est une heure réservée à la connaissance, à la vérité, à l'intelligence. C'est une heure où plus rien ne compte que la démonstration d'un théorème, l'exactitude d'une traduction, la beauté littéraire d'une œuvre. Et je dirais que cette heure représente, en un sens, un privilège rare : car y a-t-il joie plus grand que de faire comprendre aux autres ce que l'on sait et ce que l'on aime?* (ROMILLY, 1991, p. 33, tradução nossa).

SOBRE FORMAS DE FAZER: O ESTUDO E O OFÍCIO DE PROFESSOR

produtividade, velocidade e atualização que caracterizam nosso tempo presente, sendo consideradas por vezes enfadonhas ou inoportunas. Para abordar as maneiras por meio das quais professores e professoras têm sido alijados daquilo que, em princípio, seria constitutivo de seu ofício, Masschelein e Simons (2015) dedicam-se à análise das categorias de profissionalização e flexibilização.

A primeira delas, a profissionalização, apresenta nuances delicadas. Não se trata de desconsiderar a relevância das lutas em torno da valorização, legitimidade, direitos e dignidade reivindicados historicamente ao exercício do ofício docente. Por outro lado, a profissionalização torna-se um problema quando implica na submissão do professor aos imperativos da sociedade que o profissionaliza. Nesse sentido, é importante atentar ao fato de que a ideia de profissionalização vem sendo atrelada a obrigatoriedade de produzir resultados quantificáveis em um tempo cada vez mais estreito. A profissionalização, assim, acarreta o risco de formar um professor alheio ao que seria, de fato, sua responsabilidade pedagógica na medida em que impõe a ele a necessidade de cumprimento de demandas técnicas ou burocráticas. Exige-se do professor que atue positivamente no desenvolvimento de competências e habilidades que possam ser empregados em tarefas concretas, úteis às necessidades do mundo profissional. O professor torna-se, segundo esse imperativo, um mero prestador de serviço.

De maneira similar, a valorização de certo profissionalismo neoliberal exige do professor ou professora flexibilidade, no sentido de se adaptar e se tornar disponível a exigências exteriores ao seu ofício. Diante disso, a relação com a matéria de estudo torna-se secundária em prol da necessidade de desempenhar performances que atendam a determinados padrões de empregabilidade e de algo que se convencionou chamar "qualidade" – sempre quantificável e capitalizável.

Muito mais relevante que o desenvolvimento de talentos ou o cumprimento de metas inflexíveis e previamente estabelecidas, a responsabilidade pedagógica diz respeito à formação do interesse e atribuição de autoridade às coisas do mundo. Os conhecimentos e os modos de fazer de um professor não podem ser reduzidos a competências obtidas por meio de técnicas ou treino. Recorremos novamente a Paulo Freire, quando afirma que "formar é muito mais do que puramente treinar o educando no desempenho de destrezas" (FREIRE, 2015, p. 16).

Essa colonização dos modos de ser professor em prol de uma lógica produtivista, quantitativa, de aceleração, que privilegia resultados rápidos, afeta as possibilidades de relação com o tempo exigidas pelo estudo, o qual requer atenção, disciplina e recolhimento. Em um texto de data imprecisa, o filósofo tcheco-brasileiro Vilém Flusser nos diz que "a posse de tempo é liberdade" e complementa: "ou eu o faço parar, afim (sic) de manipulá-lo e submetê-lo às minhas ordens. Ou sou objeto do tempo" (FLUSSER, [s.d.], p. 1). Essa relação estabelecida com um tempo acelerado, que convulsiona aqueles que dele não se apossam, marca nosso presente. Levada aos extremos, resulta naquilo que Jonathan Crary caracteriza como "24/7", a saber, um esquema arbitrário regido pela plena colonização do tempo pela lógica do mercado. Segundo o autor, "hoje são raros os momentos significativos na existência humana (com a exceção do sono) que não tenham sido permeados ou apropriados pelo tempo de trabalho, pelo consumo ou pelo marketing" (CRARY, 2016, p. 24). Vivemos, atualmente, em um presente iminente, reagindo àquilo que se coloca imediatamente a nossa frente.

SOBRE FORMAS DE FAZER: O ESTUDO E O OFÍCIO DE PROFESSOR

Essa forma de estar no presente afeta, indubitavelmente, nossas relações com o tempo e, consequentemente, nossa maneira de habitar o ofício.

Ao tecer considerações sobre a palavra "ofício", Jorge Larrosa ressalta a inseparabilidade entre aquilo que se é e aquilo que se faz. Assim, "o ofício é o que faz com que alguém se comporte de um modo consequente com aquilo que é" (LARROSA, 2018a, p. 315). Ao pensarmos o estudo como constitutivo do ofício de professor, estamos destacando seu caráter habitual, como um modo de fazer encarnado, que não vislumbra um fim. Este estudo não persegue a incorporação de um saber ou a aquisição de uma habilidade, uma vez que ele é, em si, um gesto, um puro meio (AGAMBEN, 2015). O estudo, nesse sentido, emerge como contraposição imediata às obrigações impostas por este presente estendido na medida em que exige desprendimento de si e de expectativas imediatistas em nome da possibilidade de experiência. Este tempo presente acelerado, no qual somos – e formamos – professores, não parece ser, assim, o tempo do professor. Ser professor emerge como condição anacrônica, na medida em que, alocado nesse presente, não pode se submeter a ele. Do contrário, é buscar, incessantemente, por meio do estudo, as fendas deste presente. A instauração de outro tempo. Um tempo lentificado, possibilitador da atenção, do exercício, do cultivo, da formação. Ainda que o ato de pensar o trabalho de um professor ou professora em termos de ofício possa trazer consigo certa inadequação, é essa mesma inadequação, acreditamos, o que garante a contemporaneidade da proposição.

Como professoras que atuam diretamente na formação docente inicial, acompanhando e orientando estágios, nosso ofício torna-se nossa matéria de estudo. Buscamos, nesse sentido, atentar às facetas acrônicas da profissão. Acreditamos que o estudo é uma delas. Desse modo, nos dedicamos a pensar as possibilidades de estudo do/no ofício e a escola como o espaço privilegiado para o desenvolvimento deste exercício. A escola torna-se, assim, escola para os alunos da educação básica, regularmente matriculados, para os alunos em estágios, que devem observar e exercitar o ofício (muitos, pela primeira vez) e para nós mesmas, quando perseguimos uma sorte de *skholé* e nos dedicamos ao estudo meticuloso dos nossos modos e maneiras de ser/fazer.

Para finalizar

"Olhar, ver e reparar são maneiras distintas de usar o órgão da vista", nos diz José Saramago, em "História do Cerco de Lisboa" (SARAMAGO, 1998, p. 166). Pode-se olhar sem ver, ver e não dar por isso ou reparar, o que leva à uma sorte de visão plena, apenas quando a atenção se concentra em um ponto determinado. Não cremos, certamente, na plenitude de nosso olhar. É preciso, todavia, assumir que nossa condição de professoras que formam professores impele-nos a uma observação atenta dos modos e maneiras de ser professor. Essa observação, por sua vez, é possibilitada por nossa presença na escola. O estágio, etapa fundamental da formação docente inicial, constitui-se em um tempo e espaço de atenção à escola. Tem por assunto o ofício do professor e por matéria os elementos que constituem esse ofício. Nossa tarefa é, cremos, expor tais elementos e transformá-los em matéria de estudo.

Ainda que tenha uma dimensão inegavelmente profissionalizante na estrutura universitária vigente, o estágio tem, igualmente, um caráter eminentemente escolar na medida em que, por meio de determinados arranjos e operações, promove uma experiência escolar, conforme apresentada por Masschelein e Simons. Os autores recorrem a Michel Serres para tratar desta experiência escolar como a "de alguém que aprende a nadar estando na condição de não ser capaz (completamente) ainda de nadar" (MASSCHELEIN; SIMONS, 2017, p. 55). Aproximam a experiência escolar como a experiência de se estar no meio de coisas. Como quando ainda não se domina determinada habilidade, mas, ao mesmo tempo, a condição de desconhecê-la já é inexistente. É um ínterim. Se o que está em jogo na experiência escolar, conforme indicam, refere-se ao preparo e a prática, podemos pensar a formação docente inicial como um arranjo de espaço, tempo e matéria que abre a possibilidade para uma experiência. A experiência do estágio, em si, não torna alguém professor. Por outro lado, na medida em que nela algo aconteça, não se sai dela da mesma forma como quando se iniciou. Como dizem Masschelein e Simons, "as experiências escolares remetem a experiência [...] de um curso de vida interrompido em que novos cursos se tornem possíveis" (MASSCHELEIN; SIMONS, 2017, p. 56).

Nosso papel é, assim, criar condições para que algo – relativo ao ofício de professor – aconteça. Neste texto, nossa intenção foi atentar à incontornável (e talvez anacrônica) presença do estudo, de um hábito estudioso como elemento que forma e dá forma a esse ofício. No estágio, nessa *skholé* para professores, cabe-nos chamar atenção para os elementos constitutivos da profissão. Tendemos a acreditar fortemente, a partir deste diálogo e daquilo que temos acompanhado, que esses elementos transcendem os conteúdos e metodologias. Obviamente são aspectos relevantes, assim como as condições sociais de nossa profissão, mas existe algo mais. Algo quase que intangível. Que compõem o romance de formação de cada um e que se anuncia em eventos entrevistos, em rápidos *aperçues*. Trabalhar com a formação docente inicial trata fundamentalmente de dar materialidade a eles. De retirá-los do âmbito individual e torná-los públicos. Trata, por fim, de dar a ver as ferramentas do ofício para que os alunos possam, cada qual à sua maneira, ser os professores que serão.

Referências

AGAMBEN, G. *Autorretrato em el estudio*. Buenos Aires: Adriana Hidalga, 2018.

AGAMBEN, G. *Meios sem fim*: notas sobre a política. Belo Horizonte: Autêntica, 2015.

AGAMBEN, G. *Nudez*. Belo Horizonte: Autêntica, 2014.

BIESTA, G. *Para além da aprendizagem*: educação democrática para um futuro humano. Belo Horizonte: Autêntica, 2017.

BITTENCOURT, C. Abordagens históricas sobre a História escolar. Porto Alegre, *Educação & Realidade*, v. 36, n. 1, p. 83-104, jan./ abr, 2011.

CAMUS, A. *O avesso e o direito*. Record: Rio de Janeiro, 2018.

CORNELISSEN, G. El papel público de la enseñanza. *In*: SIMONS, M.; MASSCHELEIN, J.; LARROSA, J. (Eds.). *Jacques Rancière*: la educación pública y la domesticación de la democracia. Buenos Aires: Miño y Dávila, 2011. p. 41-73.

CRARY, J. *24/7*: capitalismo tardio e os fins do sono. Tradução de Joaquim Toledo Jr. São Paulo: Ubu, 2016.

CUBAS, C. J. E RECHIA, K. C. *O que faz uma aula? Didática e formação docente inicial*. 2017. Disponível em: http://38reuniao. anped.org.br/sites/default/files/resources/programacao/traba-lho_38anped_2017_GT04_737.pdf. Acesso em: 12 set. 2022.

DELEUZE, G. *Proust e os signos*. Rio de Janeiro: Forense Universitária, 2006.

FLUSSER, V. *Los gestos*: fenomenología y comunicación. Barcelona: Herder, 1994.

FLUSSER, V. *Ter tempo*. Disponível em: www.flusserbrasil.com. Acesso em: 12 set. 2022.

FREIRE, P. *Considerações em torno do ato de estudar*. Disponível em: https://repositorio.ufsc.br/bitstream/handle/praxis/228/Conside-ra%C3%A7%C3%B5s%20em%20torno%20do%20ato%20de%20 estudar.pdf?sequence=1&isAllowed=y. Acesso em: 12 set. 2022.

FREIRE, P. *Pedagogia da autonomia*: saberes necessários à prática educativa. Rio de Janeiro: Paz e Terra, 2015.

GENETTE, G. Frontières du récit. *In: Communications*, v. 8, 1966.

GUMBRECHT, H. *Produção de Presença*: o que o sentido não consegue transmitir. Rio de Janeiro: Contraponto, 2010.

JULIA, D. A cultura escolar como objeto histórico. *Revista Brasileira de História da Educação*, Campinas, n. 1, p. 9-43, 2001.

KOSELLEK, R. et al. *O conceito de História*. Tradução de René Gertz. Autêntica: Belo Horizonte, 2013.

LARROSA, J. (Org.). *Elogio da Escola*. Belo Horizonte: Autêntica, 2017.

LARROSA, J.; RECHIA, K. *P de professor*. São Carlos: Pedro & João, 2018.

LARROSA, J. *Esperando não se sabe o quê:* sobre o ofício de professor. Tradução de Cristina Antunes. Belo Horizonte: Autêntica, 2018. (Educação: Experiência e sentido).

LIRIA, C. F.; FERNÁNDEZ, O. G.; FERRÁNDEZ, E. G. *Escuela o barbarie:* entre el neoloiberalismo salvage y el delirio de la izquierda. 3.ed. Madrid: Ediciones Akal, 2017.

MASSCHELEIN, J. *A pedagogia, a democracia, a escola*. Belo Horizonte: Autêntica, 2014.

MASSCHELEIN, J.; SIMONS, M. *Em defesa da Escola*: uma questão pública. Belo Horizonte: Autêntica, 2013.

RANCIÈRE, J. *O mestre ignorante*: cinco ensaios sobre a emancipação intelectual. Belo Horizonte: Autêntica, 2002.

ROMILLY, J. de. *Ecrits sur l'enseignement*. Paris: Editions de Fallois, 1991.

RUSEN, J. Didática da História: passado, presente e perspectivas a partir do caso alemão. *Práxis Educativa*, v. 1, n. 2, jul./dez. 2006.

TARDIF, M. *Saberes docentes e formação profissional*. Petrópolis: Vozes, 2018.

Notas sobre a universidade enquanto studium: o lugar do estudo coletivo público[1]

Jan Masschelein

> *Uma coletividade em paz num mundo em guerra, um lugar suspenso; tem lugar, bem o mal, cada semana, sustentado pelo mundo ao seu redor, mas também resistindo [...] O seminário diz não à totalidade.*
> Roland Barthes (1984; 1986, p. 341)

Uma coisa é reclamar ou se lamentar do estado da universidade; outra é resistir à presente realidade. Conforme sugerido por Isabelle Stengers (2005a), essa resistência não diz respeito a deslegitimar ou criticar, mas, antes, a criar e reivindicar noções que possam acionar o possível e demandar um engajamento imaginativo. Seguindo essa sugestão, este capítulo busca ser apenas um convite a reconsiderarmos nossa compreensão da universidade, (re-) propondo a noção de *studium* enquanto estudo público coletivo. O capítulo parte de uma curiosidade acerca de

---

[1] Este capítulo deve muito à reflexão conjunta com Maarten Simons. Algumas partes, reelaboradas e retrabalhadas, foram incluídas em *Addressing societal challenges: making university today* [Enfrentar desafios sociais: a universidade hoje], de Jan Masschelein (2017, não publicado).

onde tem lugar a universidade. Usualmente identificamos a universidade com o célebre modelo da universidade de pesquisa nascida na Alemanha. A universidade de pesquisa, autocompreendida como instituição orientada pela ideia de verdade, parece continuar sendo a referência, tanto para definir o que a universidade é ou deveria ser quanto para se lamentar em relação àquilo que ela não é mais em tempos de aceleração e capitalização. Quiçá deveríamos considerar a possibilidade de nos deixar guiar por outra forma de entender a universidade, voltando às suas origens na Idade Média. Naquela época, a universidade não era apenas uma versão sofisticada da escola catedral nem uma versão atualizada da academia da Antiguidade. Sem dúvida, a *universitas studii* tinha uma forma distintiva. Tratava-se de um tipo específico de reunião, associação ou assembleia (que é, inclusive, o significado de *universitas*) em que, no caso da *universitas studii*, o conhecimento – anteriormente considerado sagrado e devidamente protegido – tornou-se público e, portanto, se transformou em objeto de estudo. O livro sagrado tornou-se livro de estudo secular. Desde o início, a universidade implicou uma forma muito específica de estudo coletivo, amiúde impulsionado, não por pessoas sabias que queriam compartilhar seus conhecimentos, mas sim pelos próprios estudantes; ou, para sermos mais exatos, por aqueles que queriam tornar-se estudantes. Nesse sentido, o estabelecimento de uma *universitas studii* foi revolucionário; de uma ou de outra, as práticas coletivas de estudo abalaram os circuitos de conhecimento existentes e as hierarquias de poder relacionadas, e o pensamento coletivo criou uma abertura ou um futuro (Masschelein; Simons, 2013).

***

NOTAS SOBRE A UNIVERSIDADE ENQUANTO *STUDIUM*: O LUGAR DO ESTUDO COLETIVO PÚBLICO

A *universitas studii* estava desvinculada tanto das autoridades civis quanto das religiosas. A universidade começa por iniciativa dos estudantes (como é o caso da Universidade de Bolonha) ou dos professores (como no caso da Universidade de Paris). A universidade, portanto, foi iniciada por eruditos e discípulos que se reuniam *fora* das escolas catedrais e dos mosteiros, abandonando a *scriptoria* e o isolamento das celas monásticas para se encontrarem em espaços públicos, saguões, salas (às vezes não só de instituições religiosas, mas também de casas particulares), ou, simplesmente, em esquinas e pontes, para tornar-se "mestres" ou "professores" e "estudantes", quer dizer, pessoas dedicadas a "estudar". Como lembra Emile Durkheim (1938), essas associações articulavam um intenso movimento geral de anseio intelectual e sede de saber e compreender – *"une anxiété intellectuelle, une soif de savoir et de comprendre"* (DURKHEIM, 1938, p. 63). E foi a noção de *estudo* a mais usada para se fazer referência à "vida pedagógica" desenvolvida no âmago de tais associações.[2] Assim, nessas corporações não só se ofereciam práticas de iniciação ou socialização para grupos culturais, profissionais ou religiosos particulares, como também nem se tratava, meramente, de atividades individuais de aprendizagem. As universidades eram uma nova forma de *scholé*, de *estudo coletivo público* (*studii* é genitivo singular de *studium*). O que essas associações tentavam proteger (e posteriormente licenciar) era o direito ao estudo público e o direito de ensinar em toda Europa (*licentia ubique docendi*), ou, em outras palavras, o direito de comunicar (tornar público) ou compartilhar o

---

[2] "On disait *Universitas magistrorum et scolarum*, ou bien encore *Universitas studii*; le mot Studium était, en effet, le plus employé pour indiquer la vie pédagogique qui se développait au sein de la corporation" (DURKHEIM, 1938, p. 75).

que era estudado fora dos âmbitos da Igreja, do Estado, e dos grêmios profissionais (FERRUOLO, 1985; RÜEGG, 1992). Por essa razão, já nos seus primórdios, a *universitas studii* era algo a ser estabilizado, domesticado ou neutralizado pela Igreja, pelo Estado, ou por uma poderosa aliança entre ambos. Entretanto, a união entre o *studium* e o estudante permaneceu ao longo da história como uma ameaça possível, a marca de uma revolta, ou, pelo menos, o tempo e o espaço para a abertura de um futuro.

***

Uma vez que todo estudo pode ser considerado coletivo até certo ponto, no sentido de que ele consiste sempre em uma *reunião* ou encontro com outros (textos, coisas, ideias...), é importante observar que, na proposta da noção de *studium* enquanto estudo público coletivo, este "coletivo" também envolve outros estudantes. De fato, embora seja possível duvidar que a escola fundada por Pitágoras em Crotona (cerca de 530 a.C.) possa ser realmente considerada o começo da universidade,[3] conforme escreve Friedrich Kittler (2013), é possível afirmar que uma de suas características é também um traço crucial da universidade: o fato de Pitágoras ter se dirigido não a um mas a muitos estudantes ao mesmo tempo (enquanto os confrontava com a questão deles mesmos

---

[3] Provavelmente seja mais apropriado enxergá-la como um dos principais pontos de partida da academia de Platão, a qual, segundo Peter Sloterdijk (2008), não se fundamentava apenas no seu conhecimento de Sócrates, como também, consideravelmente, em sua visita aos pitagóricos, em Crotona. Contudo, conforme defende Durkheim (1938), a universidade não é a academia, mas, por ter sido inventada no século XII, constituiu um tipo completamente novo de arranjo educacional, uma forma de *escola* desconhecida até então (DURKHEIM, 1938, p. 60).

terem de inventar a questão).[4] Além disso, é importante não confundir "coletivo" com "comunidade" – ou "sociedade" (cf. LATOUR, 1993, p. 4) – e evitar abordar práticas coletivas partindo da primazia do estudo individual. Parece realmente que as abordagens recentes sobre a questão do estudo, pelo menos implicitamente, consideram o estudante ou estudador em sua relação individual com a "matéria" (livro, questão, assunto...) como ponto de partida e orientação (cf., por exemplo, LEWIS, 2013). É comum se deparar com a imagem de um estudante em sua sala de estudo ou vagando por uma biblioteca, ou com a imagem do mestre e do aprendiz em sua oficina ou estúdio (ateliê); isso aparentemente implica que o estudo sempre consiste, afinal, em um esforço solitário. O estudo coletivo, consequentemente, seria apenas uma forma menor ou pobre de estudo, ou uma que dá suporte ao que, afinal, continua sendo estudo (pensamento) individual ou pessoal. O *studium*, entretanto, deve ser compreendido enquanto constitutivamente coletivo: o fazer-coletivo e o coletivo-no-fazer dos estudantes (que sempre inclui coisas) não como possibilidade, e sim como traço constitutivo da prática do *studium*, o qual tanto envolve como faz (um) público.

***

Em *O surgimento e a constituição inicial das universidades junto a uma pesquisa sobre a educação medieval*, S. S. Laurie (1887) escreve que "as escolas universitárias [...] *estavam abertas a todos,* sem restrição, como *studia* pública ou *generalia*, a diferença das escolas eclesiásticas, mais restritas, que se

---

[4] *"Dort stellt Pythagoras nicht einem Schüler, sondern vielen Schülern (das ist ja das Wesen der Universität) die Frage: Erfinde die Frage selber"* (KITTLER, 2013, p. 356).

encontravam sob uma Regra" (LAURIE, 1887, p. 101, grifos do autor). Nas universidades,

> Os mestres não tinham superiores e deviam prestar contas apenas perante a opinião pública e a lei do Estado. Havia nelas, portanto, não apenas uma vida livre; havia também um ensino livre e uma aprendizagem livre. Sem dúvida, os professores foram, inicialmente, senão frades, pelo menos eclesiásticos atados pelos seus votos, que viviam, porém, fora da comunidade, mas logo foram sucedidos por homens que não eram frades (LAURIE, 1887, p. 102).

Laurie afirma, ainda, que "o aumento do sentimento laico" se constituiu em uma das forças específicas que começaram a diferenciar os estudos universitários das formas eclesiásticas de educação superior. Além disso, ele aponta que os primeiros acadêmicos "simplesmente tinham como objetivo fazer exegeses críticas dos autores reconhecidos, em função de seu interesse social" (LAURIE, 1887, p. 109), e faz referência tanto ao início do estudo de medicina em Salerno a partir de 1060 – onde inclusive mulheres participavam da formação do pensamento e onde tudo era "pensado *publicamente*", até que, em 1137, foram instituídos os primeiros exames oficiais (LAURIE, 1887, p. 114-115, grifo do autor) – como ao papel de Irnerius na fundação de Bologna e ao estudo do direito civil, o qual descreve como "o início do *movimento*", cujas "aulas eram públicas e em modo algum conectadas com instituições monásticas" (LAURIE, 1887, p. 127, grifo nosso).

***

São Jerônimo (*Hieronymus*) é o padroeiro dos tradutores, livreiros e enciclopedistas e também um dos vários santos padroeiros de estudantes e acadêmicos (e do artista moderno). Ele é um dos motivos icônicos mais populares na história da arte ocidental. Seu credo de introspecção, sua renúncia ao mundo e sua vida ascética, sua busca solitária pelo deserto à procura da verdade, o isolamento sublime e o exílio autoescolhido — *Ecce homo* (só) — têm levantado um interesse reiterado e contínuo ao longo de diferentes épocas. Antonello da Messina o pintou celebremente como um estudioso solitário na sua sala de estudos, pintado de lado enquanto parece folhear um livro.

Em sentido horário: "São Jerônimo em seu gabinete", Antonello da Messina (1430-1479), National Gallery, Londres; "São Jerônimo em seu estudo", Jan van Eyck (1930-1441), Detroit Institute of Arts, EUA; e "São Jerônimo escrevendo", c. 1605, de Caravaggio (1571-1610), Galeria Borghese, Roma, Itália.

COLEÇÃO "EDUCAÇÃO: EXPERIÊNCIA E SENTIDO"

A postura e a condição de São Jerônimo são para-
digmáticas e podem ser encontradas sem exceção nas suas
inúmeras representações (valham como outros exemplos o
de Jan van Eyck, ao centro, e o de Caravaggio, à direita).
A despeito, é claro, das configurações concretas serem com
frequência diferentes, podemos vê-lo quase sempre de lado.
Nunca está olhando para o pintor/espectador. Está sozinho
– pelo menos no sentido de não aparecerem outros *estudantes
lhe fazendo companhia* –, em um espaço em maior ou menor
medida afastado (por vezes com uma paisagem ao fundo ou
no horizonte, como na obra de Messina, na qual o estúdio
parece localizar-se dentro de uma catedral, estando, porém,
aberto à paisagem externa); sua atenção encontra-se abstraída
em algum livro (documento, texto), e seu olhar, dirigido às
páginas. São Jerônimo é apresentado hoje como o "homem
que meditava sobre a lei do Senhor dia e noite" (Salmos 1,
2), engajado naquilo que se conhece como *lectio divina* em
contraposição à *lectio scolastica* (O Convento de Nossa Senhora
do Cenáculo, 2014; cf. também ILLICH, 1992).

***

A iconografia de São Tomás de Aquino, professor em
Paris nos primeiros anos da universidade, talvez não seja
tão coerente como a de São Jerônimo, mas é certamente
distintiva. Foi designado *doctor communis* e considerado santo
padroeiro dos estudantes e das universidades (entre outras
nomeações). É sem dúvida possível encontrar muitas imagens
dele sozinho (como figura humana), mas há também inúmeras outras representações nas quais é pintado em contextos
públicos, inclusive o contexto da *disputatio*, uma das formas
pedagógicas particulares das primeiras universidades. Sua
relação com o livro (presente na maioria das pinturas) é

Em sentido horário: "Triunfo de Santo Tomás de Aquino", de Francesco Traini (1321-1365), Igreja de Santa Catarina, Pisa, Itália; "São Tomás de Aquino esmaga os eréticos", de Benozzo Gozzoli (1420-1497), Museu do Louvre, Paris, França; e "Apoteose de Santo Tomás", 1631, de Francisco de Zurbarán (1598-1664), Museu de Belas Artes de Sevilha, Espanha.

particularmente interessante. De fato, quase não o vemos absorto ou cativado pelo livro, mas oferecendo ao público (ao pintor/espectador) um livro aberto, ou segurando um nas mãos, enquanto o lê para um conjunto de ouvintes (cf., por exemplo, as pinturas de Benozzo Gozzoli, Francisco de Zurbarán e Francesco Traini). Apesar de partes da iconografia fazerem referência indubitavelmente à revelação, é claro que o ato de apresentar e ler ou comentar em público (e para um público), a *lectio scolastica*, fora das escolas catedrais e das celas isoladas, não está relacionado simplesmente ao fato de oferecer uma pregação, um ensinamento ou difundir uma "verdade", e sim a estabelecer uma investigação livre — *libre examen* (DURKHEIM, 1938, p. 62) —, envolvendo uma metodologia baseada em dúvidas e possibilidades, no reconhecimento de uma realidade contingente. Trata-se de uma exposição pública que sempre envolve riscos e pode ser considerada um "experimento público ou coletivo".

***

Conforme comenta Stengers (2000), em relação a Karl Popper, a força e a particularidade das ciências experimentais, partindo do reconhecimento de que todo fato experimental é um artefato, *feito* por um "autor'", consiste em

> seus colegas se sentirem obrigados a reconhecer que não podem transformar a qualidade dos autores em um argumento contra eles, que não podem localizar a falha que lhes permitiria afirmar que alguém que diz ter 'feito falar à natureza' falou, de fato, em lugar dela (STENGERS, 2000, p. 89; cf. também AHRENS, 2014).

Portanto, o artefato precisa ser considerado como uma *reunião ou encontro* arriscado, porém bem-sucedido, com o fenômeno (natural). Aqueles que reconhecem isso permanecem independentes, no sentido de não serem "servis seguidores que se submetem à unanimidade de um pensamento. Eles apenas admitem que o experimento foi bem-sucedido no intuito de tornar o fenômeno *testemunha* do modo em que *tem que ser* descrito (STENGERS, 2003, p. 20, grifos nossos). E de forma interessante, Stengers mostra como a prática *escolástica*, que tem São Tomás de Aquino como paradigma, é, na verdade, igualmente experimental nesse sentido. Não é tão radicalmente diferente das ciências experimentais, como talvez poderia se esperar, pelo menos no que diz respeito a um elemento central (embora é claro que há, de fato, diferenças importantes). A prática escolástica compreendia o "autor" e a "autoridade" enquanto noções complementares: autores são aqueles cujos textos têm autoridade; eles podem ser comentados, porém não contestados. Como esclarece Stengers, isso não implica uma prática de leitura servil. Ao contrário: na *Summa Theologica*, de São Tomás de Aquino, é requerido aos autores que deponham sobre um assunto determinado por meio de citações que foram tiradas de contexto e, portanto, em certo sentido, profanadas (seu contexto foi suspenso). Requeria-se alcançar um acordo entre os autores, se atendo (em geral) às citações literais, sem que fossem discutidas as intenções do autor. Em outras palavras: o autor tem autoridade, mas Tomás se erige como uma espécie de juiz e confere ao autor-autoridade o status de uma testemunha que é convocada. O autor é exposto publicamente. Tomás precisa pressupor que a testemunha disse a verdade e terá de levar em conta seu testemunho, mas é ele quem decide ativamente como tal testemunho será levado em conta. Dessarte, tanto nas ciências experimentais como na *disputatio*, podemos observar a invenção dos meios que nos possibilitam ver *o mundo como uma testemunha intimada com quem* aquele que está falando em seu nome *se reúne ou encontra (o que significa que a testemunha se torna "companhia pública" e é convocada perante um público),* garantindo-lhe certeza. Conforme afirma Kant (1781 [1998]), no Prefácio da segunda edição de *Crítica da razão pura,* espera-se que um experimento "seja instruído pela natureza não como um aluno que recita tudo o que o professor quer, mas sim como um juiz designado que obriga as testemunhas a responderem as perguntas que lhes faz" (B XIII).

***

A forma da fala numa conferência e um seminário[5] não deve ser considerada como mero argumento filosófico. Em "Filosofia e política", Hannah Arendt (1990), reflexionando sobre a relação de Platão (e de Sócrates) com a *polis* e o tema da opinião e da verdade, curiosamente aponta que

> Desde que o filósofo supeditava sua verdade – a reflexão sobre o eterno –, à *polis,* ela se tornava imediatamente uma opinião entre muitas, perdendo assim a qualidade fundamental que a distinguia, porque não há marca que separe de forma visível verdade e opinião. É como se o eterno *se tornasse algo temporal no mesmo momento em que é transferido para o meio humano,* de modo tal que, a mera discussão sobre o assunto com outros já constitui uma ameaça à existência do próprio âmbito em que se desenvolvem aqueles que amam a sabedoria (ARENDT, 1990, p. 432, grifo nosso).

---

[5] Em diversos países europeus, é comum que as aulas universitárias se dividam em palestras (*lectures,* aulas expositivas em que o professor conferencia para o número total de alunos de uma turma) e seminários (*seminars,* em que a turma é dividida em pequenos grupos que se reúnem por separado, em espaços e/ou horários diferentes, para, sob orientação do mesmo professor ou de professores auxiliares, desenvolverem atividades de cunho mais prático ou aplicado) (N.T.).

Assim, é claro que, quando a discussão se torna uma discussão com outros no plural, a relatividade entra em cena. Portanto, de acordo com Arendt, Platão não apenas desenvolveu seu conceito de verdade em oposição à opinião, como também uma "noção de uma forma de discurso especificamente filosófica, *dialegesthai*, contrária à persuasão e à retórica". Aristóteles opõe a retórica (a arte política do discurso) à dialética (a arte filosófica) – a qual, conforme afirma Arendt, de certo modo pode ser levada a cabo *sem* um homólogo real, apenas com um que seja imaginado ou projetado, sendo a dialética o *curso dos argumentos* enquanto tal. Arendt continua afirmando que "a principal distinção entre persuasão e dialética é que aquela é direcionada à multidão (*peithein ta pléthé*), enquanto a dialética apenas é possível em um diálogo a dois" (p. 432). Nesse sentido, poderia ser sugerido que a retórica e a dialética sejam diferenciadas da arte "escolástica" ou *pedagógica* do discurso. Essa arte faz algo que, de certa forma e até certo ponto, talvez se encontre próximo do que Sócrates parecia fazer *às vezes*: *pensar* e investigar sem proteção, enquanto atividade encarnada e incorporada *em público*, convidando outras pessoas a se unirem a um movimento de pensamento. "O que ele em verdade fez foi tornar *público*, no discurso, o processo de pensar" (ARENDT, 1992, p. 37, grifo da autora). Segundo Arendt, o próprio Sócrates (diferentemente de Platão) não opôs os resultados de conversar detalhadamente sobre alguma coisa com alguém à *doxa*. Segundo ele, a *doxa* é a *expressão* do *que me parece* ("δοκεῖ μοι", *dokei moi*). Essa não é a *probableas* que se opunha à verdade única, mas sim que compreendia o mundo na medida em que *ele se abre para* mim – não como eu o penso ou o enxergo, mas como *ele* se me aparece, "δοκεῖ μοι" (*dokei moi*), sendo uma construção *impessoal* ou, melhor dizendo, uma construção que implica a terceira pessoa do singular. Segundo Arendt (1990),

Não se tratava, portanto, de fantasia subjetiva ou arbitrariedade, como tampouco de algo absoluto e válido para todos. O pressuposto era que o mundo se apresenta de forma diferente para cada ser humano de acordo com sua posição nele; e aquela "semelhança" do mundo, seu caráter comum (*koinon*, comum a todos, como diriam os gregos) ou "objetividade" (como diríamos do ponto de vista subjetivo da filosofia moderna) reside no fato de que o mesmo mundo se apresenta para todos e de que, a despeito de todas as diferenças entre os homens e suas posições no mundo – e consequentemente suas *doxai* (opiniões) –, tanto *você* como eu somos humanos (ARENDT, 1990, p. 433).

***

No início do século XIX, Wilhelm von Humboldt afirmava que as instituições de ensino superior se concebem a partir de problemas que ainda não tem solução, de modo que elas *permanecem* no estado de pesquisa e a educação superior existe para "trabalhar esses problemas". Ele também escreve que

Uma vez que o trabalho intelectual na humanidade prospera só como produto da cooperação, quer dizer, não apenas porque um preenche as lacunas do outro, mas porque o trabalho bem-sucedido de um inspira os outros, e considerando que *o poder geral, original* [...] *se faz visível para todos*, a organização interna dessas instituições deve produzir e sustentar uma colaboração que seja ininterrupta, em constantemente renovação, porém não forçada e *sem um propósito específico* (HUMBOLDT, 1810, grifo nosso).

Por outro lado, para Von Humboldt, a universidade foi, de certo modo, pelo menos tão importante (quando não mais importante) para o avanço da "ciência" como a academia científica (a congregação de colegas). Professores universitários puderam contribuir ao progresso justamente por meio de suas atividades de "ensino" público (*Lehramt*). O discurso oral livre perante uma plateia provoca um *movimento de pensamento* que opera em/por si mesmo (*selbsttätig*) quando o lemos publicamente. Portanto, as conferências não devem ser em absoluto consideradas como um intervalo no "ócio" do estudo, mas, pelo contrário, como sua intensificação:

> Se declararmos a universidade como destinada apenas ao ensino e difusão da ciência, e a academia à sua expansão, claramente faremos uma injustiça com a primeira. Certamente, as ciências têm sido tão [...] expandidas por professores universitários como por membros da academia, e esses homens alcançaram seus avanços na sua área justamente através de seu ensino. Isso porque a palestra oral livre perante ouvintes (*der freie mündliche Vortrag vor Zuhörern*), dentre os quais sempre há um número significativo de mentes que pensam por si mesmas, com certeza estimula a pessoa habituada a esse tipo de estudo tanto quanto o ócio solitário da vida do escritor ou a associação abrangente de uma comunidade acadêmica. O curso da ciência é evidentemente mais rápido e mais vivo na universidade, onde se reflete continuamente perante um número expressivo de mentes fortes, robustas e jovens. De fato, não é possível conferenciar sobre a ciência enquanto ciência sem concebê-la novamente como tendo atuação autônoma, e seria incompreensível que as pessoas de fato não se deparassem com descobertas no processo. Além disso, o ensino universitário não constitui uma empresa tão árdua que deva ser considerada como interrupção do tempo livre do estudo em vez de um auxílio para o mesmo. [...] Por essa razão, certamente seria possível confiar apenas às universidades a expansão

COLEÇÃO "EDUCAÇÃO: EXPERIÊNCIA E SENTIDO"

das ciências, desde que elas estejam adequadamente estabelecidas, e dispensar as academias desse propósito [...] (HUMBOLDT, 1810).

***

Em suas *Lições sobre a filosofia política de Kant*, Arendt (1992) assevera que, para Kant, as pessoas dependem das outras não "simplesmente por suas necessidades e cuidados mas por sua faculdade mais elevada, a mente humana, a qual não funcionaria fora da sociedade humana. 'A companhia é indispensável ao pensador'" (ARENDT, 1992, p. 10). Note-se de passagem que é surpreendente o fato de, em muitas pesquisas e áreas do pensamento, muitos dos trabalhos mais relevantes consistirem consideravelmente em notas de palestras ou seminários (notas feitas por "estudiosos" para sua preparação ou por outras pessoas que frequentaram esses eventos; muitos livros tendo, frequentemente, cursos como sua base). Conforme Von Humboldt já sugeriu, a pesquisa é, pois, movida não tanto por meio do contato com "colegas"[6] como, principalmente, por meio de ela fazer parte do que poderia se denominar "formas pedagógicas" por serem articulações do *studium*, do engajamento de uma plateia de estudantes em um movimento coletivo de pensamento, o qual, conforme vimos nas palavras de Von Humboldt, opera em e por si mesmo nessas formas. A investigação e o pensamento não apenas requerem

---

[6] Florelle D'Hoest me fez lembrar destas palavras de Deleuze (1990): "Os cursos têm sido uma grande parte de minha vida, os tenho feito com paixão. Não se parecem em nada às conferências, porque implicam uma longa duração, e um público relativamente constante, as vezes durante vários anos. É como um laboratório de pesquisa: se faz um curso sobre o que se busca e não sobre o que se sabe" (DELEUZE, 1990, p. 190).

NOTAS SOBRE A UNIVERSIDADE ENQUANTO *STUDIUM*: O LUGAR DO ESTUDO COLETIVO PÚBLICO

exposição pública posterior (em uma publicação escrita ou "relatório"), mas justamente também *in actu*, que é o que *acontece* nas palestras e seminários (quando eles realmente ocorrem), o que, em contrapartida, faz com que aconteça algo com o público. Nem a escrita de textos nem sua leitura podem simplesmente substituir o trabalho dessas reuniões pedagógicas (pensemos também nas agrupações em torno da lousa em matemática e física), que constituem formas que tornam o assunto um assunto público (*acompanhando-o* enquanto parte do coletivo que está sempre envolvido no fazer) e reúne um público de estudantes e acadêmicos, isto é, de aprendizes e pesquisadores tornados figuras públicas. Esse público não antecede o evento da reunião, mas emerge dele. Tal reunião articula, portanto, um movimento de desidentificação – *não somos discípulos nem servidores públicos, nem clérigos, mas estudantes e acadêmicos*. Trata-se também de um movimento que incomoda, questiona ou perturba todo tipo de estabilização, fixação ou cristalização – cf. também as reflexões de Readings (1996, p. 150-165) a respeito da "cena do ensino" na universidade. O movimento não tem começo real nem fim, ocorre e "tem lugar" e implica que estudantes e acadêmicos se movimentem em um tempo de suspensão (isto é, não simplesmente em um tempo de acumulação e re-produção), o qual é o tempo específico do *studium* ou da *scholé* (MASSCHELEIN; SIMONS, 2013).

***

Não pretendemos aqui substituir nossa ideia moderna de universidade pela da clássica *universitas*. Trata-se de mudarmos a perspectiva quando falamos da universidade atual, focando nas práticas coletivas e públicas de estudo (antes do que nas suas funções e contexto institucional, ou em ideias norteadoras como *Bildung*). Centramos a atenção nas investigações experimentais e no pensamento coletivo e público (e não na pesquisa feita no isolamento do escritório individual ou atrás das portas fechadas dos laboratórios que, de fato, não precisam realmente da universidade). Significa centrar-se no estudo na comunidade *universitas* de estudantes. Essas formas de estudo universitário são experimentos no sentido de que sempre tentam verdadeiramente *ir ao encontro* do fenômeno (ou do texto, ou da imagem). Portanto, o fenômeno tem de se fazer presente, o que implica estar em sua companhia e reconhecer, por isso mesmo, que "não estamos sós no mundo" (NATHAN, 2001), o que pode soar banal, mas, de fato, é algo que "nós" ("humanos") parecemos esquecer constantemente. Não estar só também significa, e implica, que há coisas, animais, plantas, rios, fantasmas, causas, paisagens, ideias... Que são nossos companheiros, em sentido forte, e temos que negociar com eles os modos de viver junto. O estudo universitário inclui a tentativa de entender o que esse encontro realmente significa, por meio da descrição, da explicação e da narração. Não se trata apenas de produção ou transferência de conhecimento, mas também de colocar à prova o conhecimento e aquilo que vemos e pensamos. O que acontece é que por meio do estudo se abre um mundo novo para os estudantes, que lhes permite encarar questões que abordam noções desse novo mundo. O experimental aqui se refere, no mínimo, à suposição ou crença de que o resultado não pode ser definido *a priori*, e que a atividade do estudo não pode ser um processo de produção planejado e impulsionado pelos resultados, mas que sempre implica uma prova e uma tentativa. Entrar na universidade e tornar-se um estudante, o que inclui também a professores e pesquisadores, significa estar aberto a uma vida experimental. Esse processo é coletivo na medida em que estudantes se tornam testemunhas dessas tentativas.

NOTAS SOBRE A UNIVERSIDADE ENQUANTO *STUDIUM*: O LUGAR DO ESTUDO COLETIVO PÚBLICO

***

O teste aqui não faz referência a uma metodologia adequada que confere validade e confiabilidade ao definir *com antecedência* o que deveria ou não ser levado em consideração. Refere-se ao pensar e fazer a pesquisa de modo que possa ser compartilhada, questionada, desafiada sem que se saiba previamente como e por quem. Isso, com efeito, retira todo tipo de proteções *acadêmicas* (ou, pelo menos, questiona tais proteções). Aqui a palestra, o seminário e o laboratório científico – quando eles realmente acontecem enquanto estudo coletivo sem proteção – são considerados exemplos de um experimento coletivo. Mas, sem dúvida, quando, livres de ideias e ideais universitários, olhamos para o que acontece nos encontros universitários, começam a surgir outros exemplos. O que acontece nessas formas contemporâneas da *universitas* é que a pesquisa é restituída aos estudantes (e aos professores), o que permite que os estudos universitários sejam verdadeiramente experimentais de novo em lugar de meramente produtivos, coletivos em lugar de meramente protegidos e privatizados. Porém, essas atividades ditas de ensino e estudo não deveriam ser vistas como se interrompessem ou quebrassem a produtividade acadêmica. Ao contrário, como podemos ler em Humboldt, a pesquisa na presença dos estudantes faz parte da intensificação e publicação do processo de pesquisa. Os estudantes não deveriam ser considerados simplesmente como aqueles que lá estão para ser informados pela pesquisa (e pelas publicações), mas deveriam ser realmente envolvidos nela logo de início. O estudo universitário ocorre em formas públicas de investigação; os estudantes estão envolvidos *in actu* quando os estudos se realizam publicamente. Trata-se de encontros que constituem experimentos coletivos, e não de um sistema ou máquina fechada que seria movida pelos seus fins (resultados), mas de uma prática impulsionada por trás pelas questões, pelos problemas. É importante frisar que a *universitas studii* sempre faz as coisas mais lentas. Ser confrontado com um conhecimento que se tornou público (por meio de apresentação e discussão pública) implica em que se trate de buscar um caminho para relacionar-se com esse conhecimento, para pensar na presença de um novo mundo que se está tornando a cada vez mais real por meio desse mesmo conhecimento. O que temos é um mundo que pode ser nomeado e discutido novamente, de modo que se torna um desafio fazer justiça com esse mundo. Desacelerar é, em grande medida, uma consequência da interrupção dos modos usuais de pensar, conhecer e agir *no âmbito de* uma verdadeiro encontro de estudantes.

***

A universidade deveria ser reivindicada enquanto "forma pedagógica" ou enquanto uma vida pedagógica específica dentro da associação de estudantes. O estudo universitário – *studium* – não consiste em facilitar e dar suporte a trajetórias de aprendizagem personalizadas (por exemplo, por meio das ditas "práticas de aprendizagem colaborativa") ou a percursos autônomos de pesquisa criativa (por exemplo, por meio de conferências e encontros *online* e *offline* com colegas). As formas pedagógicas são formas de se encontrar ou se reunir que não se baseiam em uma compreensão personalizada da subjetividade que as constitui. São, pelo contrário, as formas que (por meio do tecnológico) fazem com que algo aconteça, que movem e formam aqueles engajados no coletivo-no-fazer. O *studium* é justamente o momento em que o conhecimento ou a ciência abandonam o contexto da

NOTAS SOBRE A UNIVERSIDADE ENQUANTO *STUDIUM*: O LUGAR DO ESTUDO COLETIVO PÚBLICO

pesquisa disciplinar, o contexto em que somos confrontados com as observações de valiosos colegas e no qual, como nos lembra Stengers, sempre chega à conclusão de que o público não é capaz de fazer parte, embora precise de especialistas para as soluções racionais. O *studium*, pelo contrário, consiste em dirigir-se ao público sob um *ethos* igualitário.

***

O *studium* contribui para *criar um futuro*, porém não produzindo resultados de aprendizagem ou conhecimento, mas colocando o conhecimento e a ciência à prova do público, cercando-os de público e pensando-os publicamente. O futuro aqui está associado a uma incerteza fundamental: não sabemos como será o futuro (nem sequer sabemos aquilo que desconhecemos). Desconhecemos se, como e até que ponto nosso pensamento racional, nossas abstrações necessárias e os fatos possivelmente novos (quem sabe uma nova natureza) produzidos por nossa ciência e nossas investigações terão consequências para a nossa vida comum, e, consequentemente, precisamos ficar alerta em relação a eles. Precisamos tomar cuidado, *faire attention*. O *studium* é "observar atentamente", segundo uma das traduções do latim. "Formas pedagógicas" também são justamente isso, formas de cuidar ou observar (o mundo comum, o futuro, as novas gerações); consequentemente, deveríamos reivindicar que as universidades sejam, antes de tudo, associações de cuidado, de observação ou interesse mais do que máquinas de produção (de conhecimento, de resultados de aprendizagem, de impacto, de inovação). Um sinônimo de cuidar é "prestar atenção" (*faire attention* em francês), em todas suas diversas acepções (em inglês, atenção tem a ver com "assistir", com suas diferentes conotações de cuidar – atender um paciente, um cliente – e de assistir – assistir a uma missa –, de estar presente, de escutar, de continuar e de ser prudente). É importante frisar que se trata de práticas (arquiteturas, rituais, tecnologias, figuras): em inglês, se diz *"pay attention"* "pagar" o "prestar" atenção (por seu valor); em francês, o verbo *faire* significa "fazer". Assim, a universidade, como uma associação que *olha com atenção* e *cuida* o mundo *comum*, que desenvolve práticas e tecnologias que "fazem" atenção e fazem com que a atenção possa ser "prestada", potencializa (não a nós mesmos, mas) algo do mundo, de modo que aquilo nos faça pensar, prenda nossa atenção e nos comova, nos obrigue a considerá-lo. Isso significa que no estudo universitário não se trata apenas de produzir e distribuir conhecimento e ciência (e a metodologia que a produz) mas de um modo muito particular de fazê-lo, um modo organizado para que possamos prestar atenção à ciência, *faire attention, prendre soin*. Ou seja, um modo no qual fazer e compartilhar ciência se torna parte do *movimento de pensamento* e de sua história, que, segundo Foucault (2001), "é a história do modo em que as pessoas começam a *cuidar de algo*, do modo em que elas *começam a se inquietar em relação a* isso ou aquilo" (FOUCAULT, 2001, p. 23, grifo nosso).

***

Retomando algumas observações de Stengers (2005b), podemos dizer que as formas pedagógicas são

> *modos de encontro* cujo resultado é que eu já não sou mais eu, enquanto sujeito, pertencente apenas a mim mesmo, quem pensa e sente. [...] O que se consegue com o encontro talvez possa ser comparado com àquilo a que os físicos denominam pôr algo "fora do equilíbrio", *fora da posição* que nos permite falar em termos de psicologia, ou em hábitos ou interesses [essa é a posição,

por assim dizer, do estudante, assim como do professor enquanto estudante, estando fora da posição, flutuando]. Não que nos esqueçamos dos interesses pessoais, mas porque a reunião presentifica [...] algo, uma causa ou uma coisa, *ela transforma nossa relação* com os interesses que foram colocados. E esse efeito não consiste em "se tornar ciente" de algo que os outros já sabiam, em compreender alguma verdade por trás das ilusões – seu efeito consiste em implementar uma relação entre pertencimento e devir, em produzir o pertencimento como experimentação (STENGERS, 2005b, p. 195, grifo nosso).

Stengers faz referência a Whitehead, de quem podemos aprender como abordar esses tipos de encontro de exposição e transformação como "fatos individuais", que dependem da interação de pensamentos e afetos emergentes. Estes só podem emergir porque aqueles que se reúnem aprenderam como dar ao assunto em torno do qual se reúnem o poder de ser efetivamente importante, de congregá-los e fazê-los pensar. Esses "fatos individuais" têm difícil definição, mas nossa preocupação não deve ser como defini-los mas como fazê-los acontecer. Se o trabalho do estudo universitário reside de fato em sua capacidade de invocar o pensamento por meio da reunião de pessoas em torno de um assunto, importa focar na arte (as técnicas), nos artefatos, na arquitetura e no habitat. Como tornar um texto, um vírus ou um rio um motivo para pensar? Como fazer uso das telas de modo que não operem "enquanto dispositivos de envolvimento individual" (DECUYPERE, 2015, p. 193), mas favoreçam que se forme um público? Trata-se de uma *arte de dar* ao assunto em torno do qual nos reunimos o poder de ativar o pensamento, de dar-lhe "uma presença que transforme as relações de cada protagonista com seu conhecimento, suas esperanças... E recordações e permita ao conjunto aquilo que cada quem não teria sido capaz de produzir separadamente" (STENGERS, 2005c, p. 1002). Recuperar a universidade como *universitas studii* implica desenvolver ou experimentar com novas e antigas técnicas e práticas no intuito de projetar formas pedagógicas que realmente nos tornem mais lentos, mais atentos e nos permitam buscar a criação de futuros antes que os definir em termos de "resultados", como se tivéssemos qualquer certeza em relação ao nosso futuro. Em lugar de uma "agenda de inovação", "regimes de impacto" eu novas formas de "prestação de contas" para as universidades, é necessário, no confronto com as novas tecnologias digitais e as políticas de aprendizagem reais, talvez uma sorte de agenda de pesquisa, centrada em *polos de atenção* (em lugar de polos de excelência) e que inclua uma "pedagogia" focada na *experimentação, na invenção e no refinamento de protocolos e arquiteturas para formas pedagógicas que fomentem o estudo coletivo público.*

***

Enquanto *studium*, abordamos a universidade, em primeiro lugar, como um encontro que, enquanto *coletivo-no-fazer*, articula um *movimento de pensamento público* por meio de *formas pedagógicas* únicas (tais como a conferência, o seminário, o laboratório), e que, como dispositivos técnicos, têm o *poder* de tornar as coisas públicas e conferi-lhes o poder de gerar um público pensante. Conforme esclarece Massumi (2015), tais dispositivos técnicos (que incluem textos, imagens etc.) não representam o mundo, mas referem-se a condições espaço-temporais, a condições visuais e auditivas (sensuais) que permitem estudar o mundo; eles são, portanto, dispositivos para fazer pensar e estar em formação, antes que dispositivos para (re)produzir e (re)conhecer. Não se trata de possuir individualmente pensamentos, conhecimentos ou opiniões, e sim de produzir um movimento de pensamento e ser capaz de sustentar seus desdobramentos. Isso, acrescenta Massumi, requer que não se seja fiel a si mesmo, mas ao movimento (MASSUMI, 2015, p. 69). O objeto de estudo não é um objeto de conhecimento a ser adquirido por sujeitos individuais, mas sim um objeto que nos leva a pensar e que tem de ser buscado e "observado". O estudo universitário trata de investigações experimentais e de pensamento público. Assim, as palestras, os seminários e os procedimentos laboratoriais não devem ser vistos como uma interrupção das atividades de pesquisa e estudo, e sim como parte de sua intensificação e de sua publicação. O elemento público é igualmente importante tanto do lado de aquele que o profere o discurso, quanto do lado de aqueles (sempre no plural!) a quem o discurso se endereça, embora não "pessoalmente" (ou de um modo pessoal, como na tradição "pastoral"), e sim como qualquer um, como mais alguém, de forma pública e coletiva. A reafirmação e reinvenção do *universitas studii* e a recuperação da noção de *studium* podem oferecer um futuro à universidade, posto que não a orienta a um ideal pessoal ou personalizado (como o *Bildung*), nem a um significante vazio ("excelência"), mas afirma a importância de suas formas pedagógicas para trabalhar os problemas de forma a cuidar de um futuro compartilhado e fazer justiça ao mundo comum.

Referências

AHRENS, S. *Experiment and exploration: Forms of world-disclosure. From epistemology to Bildung.* Dordrecht: Springer, 2014.

ARENDT, H. *Lectures on Kant's political philosophy.* Chicago: University of Chicago Press, 1992.

ARENDT, H. Philosophy and politics. *Social Research*, v. 71, n. 3, p. 427- 454, 1990.

BARTHES, R. To the seminar. *In*: HOWARD, R. *The rustle of language*. Oxford: Blackwell, 1986 [1984]. p. 332-342.

CLARK, W. *Academic charisma and the origins of the research university*. Chicago: The University of Chicago Press, 2007.

DECUYPERE, M. *Academic practice*: Digitizing, relating, existing. (Tese de doutorado), 2015. Disponível em: https://lirias.kuleuven. be/handle/123456789/497497. Acesso em: 13 set. 2022.

DELEUZE, G. *Pourparlers*. Paris: Les Éditions de Minuit, 1990.

DURKHEIM, E. *L'évolution pédagogique en France (Cours pour les candidats à l'Agrégation prononcé en 1904-1905)*. 1938. Disponível em: http://classiques.uqac.ca/classiques/Durkheim_emile/evolution_ ped_france/evolution_ped_france.html. Acesso em: 13 set. 2022.

FERRUOLO, S. C. *The origins of the university*: The schools of Paris and their critics, 1100-1215. Stanford: Stanford University Press, 1985.

FOUCAULT, M. *Fearless Speech*. Los Angeles: Semiotext(e), 2001.

HUMBOLDT, W. von. *On the internal and external organisation of the higher scientific institutions in Berlin*. 1810. Disponível em: http://germanhistorydocs.ghi-dc.org/sub_document.cfm?document_id=3642. Acesso em: 13 set. 2022.

ILLICH, I. *In the mirror of the past: Lectures and addresses 1978-1990*. Nova York: Marion Boyars, 1992.

KANT, I. *Critique of pure reason*. Tradução e edição de P. Guyer e A. W. Wood. Cambridge: Cambridge University Press, 1998 [1781].

KITTLER, F. Das Alphabet der Griechen: Zur Archäologie der Schrift. *In*: GUMBRECHT, H. U. *Die Wahrheit der technischen Welt: Essays zur Genealogie der Gegenwart*. Frankfurt am Main: Suhrkamp, 2013.

LAURIE, S. S. *The rise and early constitution of universities with a survey of medieval education*. Nova York: Appleton, 1887.

LEWIS, T. *On study: Giorgio Agamben and educational potentiality*. Nova York: Routledge, 2013.

MASSCHELEIN, J.; SIMONS, M. The university in the ears of its students: On the power, architecture and technology of university lectures. *In*: RICKEN, N; KOLLER, H.; KEINER, E. (Orgs.). *Die Idee der Universität – revisited*. Wiesbaden: Springer, 2013. p. 173-192.

MASSUMI, B. Collective expression: A radical pragmatics. *Inflexions*, v. 8, p. 59-88, 2015.

NATHAN, T. *Nous ne sommes pas seuls au monde*: Les enjeux de l'ethnopsychiatrie. Paris: Le Seuil, 2001.

READINGS, B. *The university in ruins*. Cambridge: Harvard University Press, 1996.

ROLFE, G. *The university in dissent: Scholarship in the corporate university*. London: Routledge, 2013.

RÜEGG, W. Themes. *In*: RIDDER-SYMOENS, H. (Org.). *A history of the university in Europe, Vol. I: Universities in the Middle Ages*. Cambridge: Cambridge University Press, 1882. p. 3-34.

SLOTERDIJK, P. Die Akademie als Heterotopie. *In*: JONGEN, M. (Org.). *Philosophie des Raumes*: Standortbestimmungen Ästhetischer und Politischer Theorie. Munique: Wilhelm Fink, 2008. p. 23-31.

STENGERS, I. Deleuze and Guattari's last enigmatic message. *Angelaki, Journal of the Theoretical Humanities*, v. 10, n. 2, p. 151-167, 2005a.

STENGERS, I. Introductory notes on an ecology of practices. *Cultural Studies Review*, v. 11, n. 1, p. 183-196, 2005b.

STENGERS, I. The cosmopolitical proposal. *In*: LATOUR, B.; WEIBEL, P. (Orgs.). *Making things public: Atmospheres of democracy*. London/Cambridge/ Karlsruhe: MIT Press/ZKM, 2005c. p. 994-1003.

STENGERS, I. *The invention of modern science*. Minneapolis: University of Minnesota Press, 2000.

STENGERS, I. Wetenschappen en duisternis: Een verhaal dat pas begint. *In*: STENGERS, I.; HOTTOIS, G. (Orgs.). *Wetenschappelijke en bio-ethische praktijken*: Reflecties over hun ethische en politieke aspecten. Budel: Damon, 2003. p. 9-49.

THE MONASTERY of Our Lady of the Cenacle. *Lectio divina: The eucharist of the intelligence*. 30 set. 2014. Disponível em: http://vultuschristi.org/index.php/2014/09/lectio-divina-the-eucharist-of/. Acesso em: 13 set. 2022.

Estudo e repetição:
a respeito de dois filmes de Pedro Costa

Dedicado a Antonio Rodríguez
Karen Christine Rechia
Jorge Larrosa

Repetir — até ficar diferente.
Repetir é um dom do estilo.
Manoel de Barros

A repetição tem que render frutos, tem que causar
esforço; tem que ser, por assim dizer (aliás, sem
"por assim dizer"),
uma peregrinação.
Peter Handke

O estudo como artesania

Este capítulo é a elaboração de um exercício que apresentamos em Juiz de Fora em 2018, no âmbito de um seminário internacional intitulado "Elogio do estudo", alguns de cujos trabalhos foram compilados no livro homônimo publicado na Argentina pela editora Miño y Dávila em 2020.

Conforme afirma Maximiliano López (2020) no texto assinado por ele naquele livro, a palavra "estudo" pode significar quatro coisas. Em primeiro lugar, uma prática de relação com o mundo especialmente atenta ou cuidadosa (de fato, a palavra "estudo" significa atenção, cuidado, zelo ou dedicação, daí que dizemos que alguém está "entregue ao estudo"). Em segundo lugar, um tipo de preparação ou de exercício (como o *Estudo de cavalo*, de Leonardo da Vinci, ou os *Estudos* de Chopin). Em terceiro lugar, na forma "estúdio", um lugar de trabalho (uma composição de espaço, tempo, técnicas e materialidades) dotado de uma certa atmosfera que favorece a concentração e a atividade (daí que falamos de um estúdio de arquitetura, de pintura, de filmagem ou de montagem no cinema, de ensaio ou de gravação na música). Em quarto lugar, um conjunto de hábitos com os quais é sustentada cotidianamente a inclinação paciente e amorosa a um determinado assunto ou uma determinada arte ou habilidade (LÓPEZ, 2020, p. 129-130).

Nesse contexto, o que nos propomos aqui é mostrar a integração desses quatro sentidos do estudo em dois filmes do cineasta português Pedro Costa que nos interessaram especialmente. O primeiro deles, lançado em 2001, intitula-se *Onde jaz o teu sorriso* e apresenta um casal de cineastas, Danièle Huillet e Jean-Marie Straub, na remontagem da terceira versão, de 1999, de seu filme *Gente de Sicília*, aquele baseado em *Conversazione in Sicilia*, de Elio Vittorini. Costa filmou mais de 150 horas do trabalho dos Straub em uma sala de montagem da escola de cinema de Fresnoy, na qual os cineastas trabalhavam, publicamente, perante algumas dezenas de estudantes. O segundo filme, lançado em 2009, intitula-se *Ne change rien*, foi filmado ao longo de vários anos e apresenta a cantora Jeanne Balibar fazendo aulas de canto, ensaiando com sua banda para os seus shows, descansando em um café, ou interpretando ao vivo alguma de suas canções.

Ambos os filmes ecoam a concepção artesã, ascética, paciente, esforçada e "proletária" que Costa tem de seu

ESTUDO E REPETIÇÃO: A RESPEITO DE DOIS FILMES DE PEDRO COSTA

próprio trabalho e que pode ser apreciada, por exemplo, em *Tudo refloresce*, esse belo documentário, lançado em 2006, no qual o cineasta reflete sobre seu trabalho nos dois últimos filmes de sua famosa Trilogia de Fontainhas; ela pode ser encontrada também em *Um melro dourado, Um ramo de flores, Uma colher de prata* (COSTA, 2008), essa longa conversação na qual descreve sua forma de trabalhar nessa trilogia. É como se Costa tivesse achado em Balibar e nos Straub pessoas que compartilham com ele uma forma parecida de fazer as coisas e de entender o trabalho ou, de modo geral, artistas-artesãos que compartilham uma determinada maneira de exercer o ofício, um modo semelhante de estar-no-mundo, uma forma de vida que dignificar e na qual se espelhar.

Trata-se de algo que poderíamos caracterizar, como o próprio Costa (2010) faz, no final do curso de Tóquio, falando de Cézanne (a partir do filme que os Straub lhe dedicaram e com cuja projeção e cujo comentário finda esse curso ministrado em uma escola de cinema), como uma disposição receptiva, aberta, feita de paciência, de humildade e de respeito pela coisa, na qual o artista-artesão não se coloca a si mesmo, mas a serviço do que tem entre mãos. Costa enxerga nas personagens que filma e em suas maneiras de fazer uma espécie de recusa ao que poderíamos chamar de concepção artística do trabalho, essa ideia segundo a qual fazer cinema ou fazer música são atividades especiais chamadas "arte", realizadas por um tipo particular de pessoas chamadas "artistas", que possuem um talento especial ou um dom estranho, misterioso e esotérico. Para Costa, como para Balibar ou para os Straub, fazer o que faz é um trabalho como qualquer outro, um trabalho muitas vezes mecânico, cheio de rotinas, o qual, sem dúvida, oferece momentos de prazer e de alegria, mas é também tedioso e enfadonho, e que tem que ser feito da melhor maneira possível, com atenção, cuidado e generosidade, com certo amor pelo material e pelos instrumentos, deixando-se levar pela própria coisa.

Falando da realização de *No quarto de Vanda* no bairro Fontainhas, desse sentimento de que tinha que ir lá trabalhar, como qualquer um, dessa sensação de que as pessoas não o viam como alguém especial, como alguém que faz algo especialmente importante, mas que o viam como alguém que estava lá em pé de igualdade com qualquer um dos outros ofícios que os moradores do bairro praticavam, Costa (2008) diz que "quando trabalhas todos os dias durante meses, o filme começa a te dar ordens [...]. Lá tinha eu muito mais tempo para que o trabalho me capturasse realmente, quase como uma força externa". E acrescenta: "Com Vanda poucas vezes tive a sensação de estar filmando; antes, nós tínhamos a sensação de trabalhar. Não se tratava de fazer sapatos ou cozinhar, quiçá tenha mais a ver com o que fazem alguns pintores ou músicos, um trabalho que se torna mecânico, uma memorização, uma rotina. É algo que adoro. Amanhã será igual a hoje, com o que isso tem de oficina ou de fábrica [...]. Não gosto dessa falsa variedade artificial, isso não existe, é provocar uma falsa energia e um falso estado de ânimo" (COSTA, 2008, p. 86-87). E não deixa de ser interessante relacionar essas palavras de Costa com duas considerações acerca do estudo.

A primeira, de Giorgio Agamben (2018), de seu *Autorretrato no estúdio*, que começa dizendo que "uma forma de vida que se mantém na relação com uma prática poética, qualquer que ela seja, está sempre em seu estúdio". Ele imediatamente aponta que esse lugar (o estúdio) e essa prática (o estudo) quiçá não lhe pertençam; aliás, são eles que estão à sua mercê. E conclui dizendo que

> [...] o estúdio é a imagem da potência: da potência de escrever para o escritor, da potência de pintar ou esculpir para o pintor ou o escultor. Tentar descrever

ESTUDO E REPETIÇÃO: A RESPEITO DE DOIS FILMES DE PEDRO COSTA

o próprio estúdio significa então tentar descrever os modos e as formas da própria potência (AGAMBEN, 2018, p. 13).

Embora os filmes que vamos comentar sejam díspares quanto a seu tema (a montagem no cinema, os ensaios na música), ambos centram-se naquilo que poderíamos chamar "processo de criação"; porém, não na obra acabada, e sim no trabalho paciente e minucioso que a prepara e produz, no que poderíamos chamar de "o fazer artístico". Nesse sentido, poderiam ser considerados tratados de poética no sentido aristotélico da palavra, se entendermos por poética qualquer fazer artístico. Nesse sentido, e seguindo a primeira frase da anterior citação de Agamben, poderíamos considerar o trabalho de Costa uma espécie de poética do estudo, ou de estudo da poética.[1]

A segunda citação sobre o estudo que queremos colocar em diálogo com Costa, desta vez de Maximiliano López, do texto já citado, relaciona o estudo com um estado de ânimo, com essa disposição essencial de relação com o mundo que Heidegger chamou de *Stimmung* e que, nesse caso, poderíamos chamar de um "ânimo estudioso". Para López (2020), "o estudo não está relacionado com o conhecimento do mundo, mas com o próprio mundo" e, por isso, não se trata de uma questão epistemológica mas ontológica, algo que diz respeito ao próprio estar-no-mundo (LÓPEZ, 2020, p. 128).

O estudo absolutamente não é uma qualidade psicológica, uma atitude do sujeito; antes ele está relacionado com a abertura do mundo de modo geral, ou, no caso das atividades poéticas, dos distintos afazeres humanos, com

---

[1] A esse respeito, cf. Guimarães (2010).

esse fazer-mundo que apenas pode ser técnico e material. Nesse sentido:

> O estudo, entendido como cultivo e aperfeiçoamento de uma arte, é uma questão profundamente política e existencial, uma vez que é através de uma técnica particular que alguém se torna um indivíduo capaz de intervir na formação de um mundo comum (LÓPEZ, 2020, p. 131).

De fato, o trabalho, a repetição, o exercício, o estudo, são não só formas práticas, muito materiais e muito concretas de relacionar-se com o mundo (e friso a palavra "formas"), mas também formas práticas, materiais e concretas de relação do sujeito consigo: verdadeiras tecnologias do eu que produzem formas de subjetivação, nos termos foucaultianos. Ademais, o estudo condensa essa relação entre disciplina, exercício (*ascesis*, *gimnasia*) e potência que o próprio Foucault desenvolveu amplamente em suas análises das formas gregas de exercitação.[2] Lá a disciplina e o exercício são condições de possibilidade da potência, e não, em absoluto, sua negação; elas, sem dúvida, dão forma ao sujeito. Sobre esse último ponto, é possível conferir as palavras "disciplina" e "exercício" de nosso *P de professor* (LARROSA; RECHIA, 2018) ou a seção intitulada "nossos exercícios" do *Esperando não se sabe o quê* (LARROSA, 2019).

Em um comentário relacionado também com as práticas pedagógicas, Bernard Stiegler (2008) diz que:

> Foucault volta à questão da disciplina introduzindo a *epimeleia*, cujo radical *meleté* significa depois da meditação. Mas *meleté* significa, primeiro, precisamente, disciplina, e em um sentido que não é aquele das sociedades disciplinares. *Meleté* vem de *meletaô*. Esse verbo polissêmico significa, em primeiro lugar, cuidar de

---

[2] Cf., por exemplo, Foucault (2002, p. 28, 90 et seq.)

algo, mas se refere, ao mesmo tempo, ao exercício em geral, ao fato de preparar-se para alguma coisa e, nesse sentido, a uma espécie de treinamento [...]. *Meletéma* significa, primeiro, o exercício prático e, por extensão, o estudo (STIEGLER, 2008, p. 243).

Entendemos que os dois filmes que vamos comentar podem ser relacionados também com a reivindicação da artesania enquanto relação com o mundo, na qual estão implicadas as mãos, as ferramentas, os gestos, as habilidades, as repetições e as rotinas aprendidas, assim como o pensamento e, sem dúvida, as formas de fazer que se resolvem em formas de pensar e em formas de viver (SENNETT, 2009). Nesse sentido, o estudo incluiria também um repertório de gestos, que, segundo Flusser (1994), poderíamos entender como as formas materiais com as quais nos encontramos com o mundo e no mundo.

Quase para encerrar essa primeira justificativa e exposição de nosso assunto, transcreveremos duas citações de Costa (2008). A primeira, belíssima, sobre a relação entre atividade e passividade:

> O ideal seria que o trabalho do cineasta fosse quase anônimo: ficar grudado em um pedaço de natureza e não se mexer, receber o que há e dar nosso melhor para que ocorra sem um excesso de efeitos, de imaginação, de sofisticação, de tópicos, de ideias, de tentações. Vanda é o filme em que melhor consegui opor resistência ao que vem de mim, a minhas intenções (COSTA, 2008, p. 84).

A segunda citação tem a ver com a maneira como o rigor, a disciplina, a perseverança e as regras estão sempre em relação com a abertura para o mundo (para aquilo que o mundo possa oferecer com a condição de que estejamos atentos) e com certo não saber: "filmar como quem vai mendigar, sem saber o que vai ser ganho – moedas, um melro dourado, um ramo de flores, uma colherzinha de prata" (Costa, 2008, p. 31).

Diremos, por fim, que, em trabalhos anteriores, já abordamos o trabalho de Pedro Costa como exemplar para uma compreensão da pesquisa educacional (Larrosa, 2014) e do estudo do professor (Cubas; Rechia, 2020). Diremos também que é muito clara a inspiração de Costa tanto em *O professor artesão: materiais para uma conversa sobre o ofício* (Larrosa, 2020) como, por exemplo, nas palavras "repetição" ou "ofício" de nosso *P de professor* (Larrosa; Rechia, 2018).

Diremos, por último, que nossa pretensão aqui é aprofundar na ideia de estudo, especialmente na relação com alguns de seus componentes essenciais: o exercício, o ensaio, a preparação, a prova, a repetição. E aprofundar também no estudo como uma relação complexa e obstinada com os materiais, mas também com os colaboradores, com a comunidade (de cineastas, de músicos), com a tradição e, sem dúvida, consigo.

Uma paciência duradoura

Nem a agitação no set de filmagem nem a ansiedade na primeira projeção da obra terminada; o que mostra *Onde jaz o teu sorriso* é algo muito menos glamouroso: o trabalho paciente, atento, reflexivo, rigoroso, tedioso, repetitivo, exigente, regulado, minucioso, perseverante e obstinado na sala de montagem. Certamente adjetivos demais, mas o que Costa faz é filmar essa paciência, essa atenção, essa demora nos detalhes, esse voltar uma e outra vez ao mesmo plano para decidir onde vai ser dado o corte, para que, no final, a escolha dependa apenas de um fotograma. Mas vamos aos poucos.

Vemos um homem de costas no cais de um porto, em preto e branco. O movimento avança e retrocede, às vezes em câmera lenta, enquanto se ouve o barulho do equipamento de montagem. Ouve-se a voz do homem e, ao mesmo tempo, uma voz masculina e outra feminina que discutem um corte, duvidando sobre detalhes mínimos: o grau de abertura de uma boca, um olho que pestaneja, os harmônicos de um "n". É possível imaginá-los concentrados em seu objeto, na coisa. As vozes estão em *off*, o que é mostrado é a matéria do filme com a qual se está trabalhando, a coisa, e o que se ouve são palavras que duvidam, buscam, propõem, sondam, discutem, adivinham. Como cortar? Onde cortar?

A decisão é difícil e, concomitantemente, essencial. Cortar é decidir, julgar, distinguir, discriminar, valorar, e qualquer decisão deixa algo dentro e expulsa algo para fora. Não é qualquer coisa, não dá na mesma, nada é indiferente; pelo contrário, a menor decisão diferencia, faz diferença. Ademais, está se fazendo algo que será entregue aos outros, que terá existência própria, que pertencerá ao espaço público, que fará parte do mundo comum, e isso também não é qualquer coisa. O que se coloca no mundo importa. O espectador também merece respeito. Não o mercado, não o mundo do cinema, o da oferta e a demanda, o dos códigos cinematográficos que funcionam e vendem bem, e sim o espectador anônimo, emancipado, tu, eu, nós. Onde cortar?

O filme se tornará uma coisa material, concreta, acabada, como um armário, um sapato, uma canção ou um livro. Uma coisa que existirá sem aqueles que a fizeram e que continuará depois de ter sido feita. Ali, no mundo comum, no espaço público, entregue à sensibilidade e à inteligência de homens cuja dignidade tem que ser pressuposta sempre porque só assim poderemos sustentar a nossa. Temos que ser exigentes com o filme, com seus espectadores, com nós mesmos.

As coisas não podem ser feitas de qualquer maneira. Essa é a moral do cinema, mas também de qualquer trabalho que seja uma prática poética, que produza alguma coisa. Onde cortar?

Passam os minutos e já percebemos que essas minúcias serão as que farão o filme. "Você precisa de cem anos para pensar?", diz Danièle. "Não, apenas setenta", responde Jean-Marie. Nem acaso, nem intuição, apenas atenção. "Tem certeza?", pergunta ele. "Essa é minha opinião. O que você acha?" "Aqui." "Você está com medo?" "Não estou, estou olhando." "Qual é a diferença?" "Entre sua proposta e a minha?" "Isso." "Um fotograma."

Depois de um crédito em que aparecem os nomes dos cineastas separados por uma vírgula, vemos um pouco mais do filme que está sendo montado, em *slow motion*, com as vozes um pouco distorcidas como para marcar que se trata de um material de trabalho. De repente, o contorno do perfil de Danièle seguido do de Jean-Marie, quase em plena escuridão. Uma frase dele: "não espere a forma antes que o pensamento". Uma dela: "a forma aparecerá ao mesmo tempo". Como se o trabalho e a reflexão sobre o trabalho se produzissem simultaneamente. Como se o fazer e o pensar não só se dessem ao mesmo tempo, como também mal pudessem distinguir-se. Em seguida, o título do filme. E passamos da operação de montagem à sala de montagem.

Ela está de pé, sozinha, com uma mão enluvada, manipulando os cortes de filme com todo cuidado, com a mesa de montagem à direita. Depois, por uma porta que se abre à esquerda, entra ele e, após uns segundos, começa a contar a história da canção que estava cantarolando e seu aborrecimento por uma diferença entre a versão que um amigo a quem costuma escutar lhe ensinara. Tampouco as palavras são indiferentes. As materialidades com as quais trabalhamos

ESTUDO E REPETIÇÃO: A RESPEITO DE DOIS FILMES DE PEDRO COSTA

merecem, em primeiro lugar, respeito. E vigor, precisão, e ao mesmo tempo delicadeza na forma como as tratamos. Trata-se de um estúdio de montagem, mas poderia ser qualquer estúdio, qualquer ateliê. O estúdio do escritor, sua mesa de trabalho, tal qual o descreve, por exemplo, George Pérec (1976) em *Espécies de espaços*: esse que é feito de cadernos, livros, lápis, canetas, folders, luminárias, alguns fetiches. O estúdio do pintor, feito de tintas, dissolventes, telas, papéis de distintos tamanhos, lâminas – a casa e o jardim de Antonio López tal qual mostrados por Víctor Erice em *O sol do marmelo* (1992). Também o estúdio em que um músico compõe ou ensaia, um arquiteto elabora seus projetos, um designer fabrica seus protótipos, um professor prepara suas aulas. Um lugar afastado, retirado, quase íntimo, um container de materiais e ferramentas, uma espécie de palácio encantado ou de câmara dos tesouros onde o tempo corre de maneira diferente do que no tempo ordinário, e onde o espaço, por muito desordenado que ele pareça, foi projetado para a atenção.

A partir daí tem quase a metade do filme na qual o que vemos são *takes* de *Sicilia*, o filme que os Straub estão montando, como se Costa quisesse insistir na importância do material sobre o qual se trabalha, sua potência, sua resistência também. E como se quisesse sublinhar que o estudioso trabalha com o que tem, com um material determinado, limitado, finito, que já está aí. Durante a outra metade, o que vemos é Danièle sentada na cadeira, Jean-Marie entrando e saindo, e quatro fragmentos de debates no auditório de Fresnoy, a escola de cinema que lhes cedeu uma sala de montagem sob a condição de que trabalhassem na presença dos estudantes, essa sala na qual Costa plantou sua câmera durante mais de cem horas.

Enquanto vemos tudo isso, escutamos os cineastas falando de outros cineastas (de Buñuel, Ray, Woody Allen,

Chaplin, Hitchcock, das formas de produção na Europa e nos Estados Unidos, da psicologia barata, tipo televisão, que tem em muitos filmes), de pintores e escritores (Cézanne, Pavese, Péguy, Hölderlin, São Tomás de Aquino, Vittorini), de assuntos relacionados com seu trabalho (a liberdade que não surge no vazio, mas no domínio da técnica; a forma que está na matéria, como a alma no corpo; a sopa sonora que tem em muitos filmes; as formas da retórica cinematográfica; o trabalho com os atores; a relação entre a montagem e a vida; a fidelidade em época de traições), de política e de revolução, de questões mais pessoais como o privilégio de trabalhar naquilo que eles gostam, do roubo de uma camisa ou do começo da história de amor entre eles. Questões de técnica, de estética, de política, questões pessoais e sociais, todas misturadas e quase todas colocadas em relação com o que estão fazendo.

Costa nos mantém na materialidade do processo de montagem durante os 104 minutos que dura o filme, nesse parar e voltar mais uma vez, nessa correção que parece não terminar nunca, nesse gaguejo, nesse trabalho sobre a forma a partir da atenção fixada na matéria, nesse vaivém entre a ideia e a coisa, entre a coisa e a ideia. Vemos também o cansaço, a tensão, a impaciência, as discussões por vezes azedas entre os dois cineastas. Danièle quase sempre está de costas, submersa na tela, em um corpo a corpo permanente com o material com o qual está a trabalhar, por vezes manuseando as latas em que está o filme revelado, por vezes pendurando pedaços em um varal. Jean-Marie quase nunca fica quieto, entra e sai da sala, cantarola, fala sem parar, tenta piadas, resmunga, teoriza, desabafa.

Alguns críticos observaram que Danièle é o trabalho com a matéria, e Jean-Marie, com a forma e o conteúdo. Straub aparece às vezes como um histrião, quase como um *showman*, é um torrente de palavras. Huillet está impassível, quase sempre muda, concentrada em sua arte de cortar, a menos que exploda repentinamente em ataques furiosos a seu companheiro. Ele encarna o poder das ideias, das palavras; ela, o poder silencioso e secreto da montagem, das mãos. A tensão entre ambos vai fazendo o filme. As decisões concretas e muito materiais que vão tomando encontram eco em sua paixão cinéfila, em suas referências musicais, literárias e filosóficas, em suas opções políticas, em sua própria biografia. O trabalho e o pensamento, o trabalho e a arte, o trabalho e a vida. Como afirma Philippe Lafosse (2009):

> Suas vozes estão sempre em *off*, muito próximas. A máquina faz um barulho de monstro dócil. O que é mostrado e ouvido é o trabalho, isto é, aquilo pelo qual o cinema se interessa tão pouco, esteja quer presente quer ausente, apesar de ser o elemento essencial da vida de cada quem. Um trabalho manual e intelectual, com os sentidos alerta. Um trabalho minucioso, pertinaz e artesanal, trabalho de operários em questionamento permanente, em alerta permanente (LAFOSSE, 2009, p. 267).

Após dois longos planos silenciosos sobre os contornos dos Straub, Jean-Marie fica de pé, apoia-se no marco da porta e começa uma longa divagação sobre a relação entre realidade e imaginação. Diz que tem aqueles que se adaptam à realidade, sem pôr imaginação de sua parte, criaturas limitadas de imaginação limitada, e aqueles que deformam a realidade em nome da suposta riqueza de sua imaginação, que, no fundo, é ainda mais limitada, porque nela não há paciência. E prossegue: "o que é necessário ter é uma paciência duradoura. Porque quando a paciência é duradoura se enche de contradições. Se não for duradoura, ela não consegue se encher de nada. A paciência duradoura se enche por força da violência e da ternura. A paciência impaciente apenas se enche de impaciência".

No final do filme, Danièle e Jean-Marie se aproximam à porta da sala, onde está sendo projetado um de seus filmes, *A morte de Empédocles* (1987). Ao mesmo tempo, são ouvidos alguns acordes de Beethoven. Danièle sai pelo lado esquerdo e sobe a escada, que leva à sala de projeção. Jean-Marie, com um sobretudo embaixo do braço e uma pasta vermelha, senta-se na escada. A imagem, se filmada mais de perto, pareceria um Rembrandt tardio. Ele deixa a pasta no chão, apoia o braço esquerdo no joelho e leva uma das mãos à testa; permanece ali, cabisbaixo, tosse várias vezes, tira seu isqueiro do bolso, brinca com ele, e começa a mexer os braços ao som da música. O final poderia ser intitulado "estudo e melancolia", mas esse já é outro assunto.

Um trabalho estudioso

Um cineasta conhecido por "documentar" a destruição do bairro Fontainhas e a trilogia que é forjada a partir daí, com personagens emblemáticos como o cabo-verdiano Ventura e a portuguesa Vanda, não parecia dado a gravar uma atriz e cantora em seus ensaios. Mas *Ne change rien* é precisamente isto: ensaios repetitivos, monótonos, em preto e branco, com poucos músicos, em lugares fechados. É claro que, ao conhecer Pedro Costa, sabemos que só ele poderia fazer isso, e dessa forma. Jeanne Balibar, sua amiga pessoal, é filmada quase sempre com seu guitarrista, que é quem dirige esses momentos musicais. No início, parece que a vemos em um palco, mas é uma cena meio embaçada, fugidia. Já está claro que não assistiremos nenhum espetáculo, nenhum *gran finale* com Balibar e seus músicos.[3]

---

[3] Há mais de uma cena da ópera *La Périchole*, de Offenbach, que, no entanto, assistimos ao fundo ou na lateral do palco, com a câmera atrás dos

Ora fumando, ora escutando seu músico, Jeanne às vezes repete somente palavras, às vezes uma frase inteira, mas sempre cantando. Há um momento em que ela ensaia canto lírico para uma peça, inclusive. Mas é sempre a reiteração do próprio ensaio. Repetir é o gesto por excelência do filme. Em *Onde jaz o teu sorriso?*, o casal de cineastas franceses Danièle Huilet e Jean-Marie Straub passa todo o filme de Costa montando outro filme. Ou melhor, Costa faz seu filme acompanhando a montagem de outro filme. Acompanhamos a personalidade histriônica de Jean-Marie e a personalidade um tanto taciturna de Danièle, mas ao mesmo tempo rabugenta dos dois, que, como um casal há tanto tempo juntos, tem suas discussões infindáveis.

O nome do filme *Onde jaz o teu sorriso?* tem justamente a ver com este movimento repetitivo de Danièle e Jean-Marie de buscar o corte perfeito das cenas; nesse caso, exatamente onde se corta o sorriso de um personagem? Ou, talvez, onde se corta o sorriso de um personagem em uma cena? O gesto por excelência também parece ser o da repetição: não veremos o filme ao final, mas parte do processo cansativo das discussões dos Straub e do repetitivo sinal de Danièle ao avançar e recuar na cena.

A ideia de repetição percorre ambos os filmes. Repetir é também duplicar algo, produzir um duplo. Há arte nas ações realizadas por Balibar, em *Ne change rien*, mas, do mesmo modo, há rotina, hábitos. Recordamos um texto de Muñoz Fernández (2013), que discute outro filme de Costa, *No quarto de Vanda* (2000). O autor pontua que a estética do espaço criado pelo cineasta produz uma vinculação política. O fato de reduzir tanto, a partir principalmente desse filme,

---

atores e próxima à cortina e ao piano. Não vemos o público que assiste à ópera. Vemos o campo do que quase seria um extracampo.

COLEÇÃO "EDUCAÇÃO: EXPERIÊNCIA E SENTIDO"

a infraestrutura de câmeras e equipamentos, por exemplo, bem como o desvio de uma narrativa explicativa, permite que o diretor "compartilhe, habite e mostre esse espaço" (FERNÁNDEZ, 2013, p. 178). Essa aproximação de Costa, não só com suas personagens, mas também com o espaço delas e seus fazeres, dá outra dimensão a seu cinema. É como se ele fechasse a janela aos ruídos exteriores, à luz que vem de seu exterior, e pudesse encontrar tanto luz quanto sombra, tanto som quanto silêncio, no espaço de vida de seus personagens e na forma que eles têm de habitá-lo.

Essa intensiva relação do cineasta a partir de *No quarto de Vanda*, também é aparente em *Ne change rien*. A vinculação afetiva não está no fato de o diretor ser amigo da protagonista (pois nem teríamos como sabê-lo), mas na forma como conduz as filmagens e o que persegue nelas, como nos ensaios de Jeanne e em algumas atividades corriqueiras que fazem parte de seu dia a dia, como tomar um café em um bar. O leitor vai perceber que é difícil que se fale do filme e de seus componentes em relação ao estudo e a uma ideia de formação educativa sem que se entremeie com a própria maneira de Costa fazer seu cinema. De certa forma, o próprio cineasta parece tentar perceber se o trabalho de Jeanne com os músicos assemelha-se à ideia que ele tem de cinema, esse exercício "ascético, paciente, diário". Ou, como está claro no já citado curso de Tóquio, que cinema é trabalho.

Tanto o trabalho de Costa quanto o de Balibar e o dos Straub estão associados a uma forma estudiosa. O cineasta acompanha durante cinco anos esses ensaios, gravações e aulas da cantora. Introduz o espectador na disciplina e no tédio da criação musical. É uma preparação que envolve ensaio e improvisação.

O filme é em preto e branco e inicia com a imagem da cantora se apresentando em um palco, ao fundo, com luzes

ESTUDO E REPETIÇÃO: A RESPEITO DE DOIS FILMES DE PEDRO COSTA

difusas. É uma das únicas cenas de palco, e, na passagem para a próxima cena, ouvimos vozes e o rosto de Jeanne se ilumina parcialmente. É nesse ambiente com uma luz interior, como já nos referimos anteriormente ao falarmos de uma certa mudança no cinema de Costa, que escutamos a voz da cantora ensaiando as canções de seu disco. O guitarrista Rodolphe Burger, personagem constante ao lado da cantora no estúdio, em um plano mais aberto, é quem, de certa maneira, faz a marcação nesses ensaios, quem chama atenção da cantora e dá o tom em certos momentos. A câmera é sempre fixa, não se desloca, de modo que podemos esgotar a cena ou acompanhá-la até o corte do diretor. Dessa maneira, já no início, é como se Costa chamasse atenção para o movimento de quase todo o filme: sai da apresentação pública, de algo exterior, e entra na intimidade do estúdio e dos hábitos de Balibar. Os componentes desse trabalho estudioso, tais como a atenção, a preparação, a repetição, a "comunidade" envolvida, o lugar, portanto, já estão quase todos dispostos.

Na terceira ou quarta cena, somos apresentados ao espaço predominante na película, que é o estúdio de gravação. Objetos como o teclado, a caixa de som, o suporte do microfone despontam no cenário sob a mirada fixa da câmera. Costa apresenta várias vezes as materialidades desse ofício na alternância de cenas. Esse lugar de trabalho é filmado muitas vezes vazio e, depois de algum tempo, entra alguém em quadro. Assim como os gestos de Balibar, ele ilumina esses objetos e suas formas nesse espaço de trabalho e estudo.

Da mesma maneira que o lugar nos é apresentado, acompanhamos o tempo da preparação da cantora em vários cenários. Quando a filma em primeiro plano, nos faz prestar atenção em sua voz e em seus trejeitos. Ao cantar em uma das cenas, segura a letra com uma das mãos, e o cigarro, com a outra. Às vezes dedilha no ar, passa uma das mãos no rosto e fuma. Ao destacar esses gestos, nos damos conta de que há algo entre o conhecimento do assunto e o que se poderia chamar de certo método que passa por essa gestualidade e que é particular e comum ao mesmo tempo aos que comungam de um ofício. Cubas e Rechia (2020), ao falar do caráter estudioso das experiências de estágio na formação de professores, dizem que a observação desse aspecto permite certa "leitura intuitiva" do papel de professor e de uma percepção maior do que é o gesto, que é o de dar sentido a algo.

Nesse sentido, em um plano-sequência de quase oito minutos, Costa filma a aula de canto de Jeanne para a ópera *La Périchole*. O papel da professora em mais esse momento estudioso da cantora é fundamental; no entanto, o diretor filma apenas Balibar e seu exercício. A voz da professora assinala os avanços, diz quais são os limites, dá o tom para que Jeanne repita. Em um momento, diz que ela não está colocando força suficiente; em outro, que está forçando demais. Ela é interrompida a cada início da música para que sublinhe e pronuncie bem as palavras e no tom almejado. Como se não bastasse a interrupção, a mestra enuncia: "não afrouxes na repetição". Tal cena nos provoca um certo desespero e acompanhamos a cantora que, por fim, solta uma expressão rude. Mas a professora, implacável, só dá por encerrado o exercício quando diz: "bravo, terminamos!". Bergala (2010), ao comentar essa cena, menciona que "essa mestra força imperdoavelmente a cantora a se dobrar, não à sua pessoa, mas à arte do canto, da qual ela é a garantia e a guardiã, sem fraquezas humanas" (BERGALA, 2010, p. 146). Destacamos aqui o papel de quem conduz o estudo e, mais uma vez, de seu caráter repetitivo, mas, ao mesmo tempo, de dedicação e atenção, de respeito até, com o que é estudado. Dissemos na palavra "repetição" do *P de professor* (2018) que o que já não existe é tempo para repetir, em uma sociedade que valoriza o consumo e a impermanência. Talvez em alguns "lugares" ainda possamos experimentar esse movimento, como na música, no cinema – como vimos no filme sobre os Straub –, e na sala de aula. Aqui podemos retomar os versos de Manoel de Barros da nossa epígrafe: "repetir, repetir – até ficar diferente", para que não esqueçamos que esta é uma palavra–ação que tem a ver com renovação, com criação e com diferença.

Em *Ne change rien*, tudo é preparação. Vemos um excerto de apresentação no início e outro mais ao final, mas o que acompanhamos é o processo de ensaio e criação. Costa (2010), ao falar dos dois filmes, expressou:

> Quando estava lá com a Jeanne e os músicos, adotei a mesma forma de aproximação do outro filme (*Onde jaz o teu sorriso?*), discretamente me movendo por ali com pouquíssimo equipamento, aproximando–me bastante sem os perturbar e tentando ficar de olho no que acontecia a cada microssegundo. É tão breve que, no momento em que você corta, alguma coisa acontece; tão breve que você perde. Para os dois filmes foi a mesma fascinação, porque estava assistindo a pessoas de que gosto (COSTA, 2010, p. 31).

O diretor observa esse processo de preparação, prática e engajamento de seus personagens em ambos os filmes. Recordamos a figura masscheleiniana (MASSCHELEIN; SIMONS, 2015) do professor *amateur* e a noção de que não se ensina o amor pela "matéria", pelo tema, pelo assunto, mas que se exige estudo, disciplina e paciência para que essa relação se estabeleça. A noção de estudo não prescinde da noção de presença, que é muito cara ao diretor quando ele fala de sua movimentação discreta. A associação que ele estabelece com essas pessoas determina, inclusive, as difíceis escolhas na montagem, o que deixa claro que essa relação adensa certos aspectos na narrativa, e não outros. Mas também é claro que assistimos a expressão de uma amorosidade, tanto de Balibar quanto dos Straub, por seus ofícios, na maneira como se relacionam com eles e como é revelada por Costa. Contiguamente, assistimos a presença de Costa – apesar de ele não aparecer nem falar nos dois filmes – porque ele ficcionaliza, mas ao mesmo tempo revela, um modo de ser e estar em ambos os ofícios, inclusive no seu. "É visível, seu corpo, sua voz, seu olhar. Pedro tem uma fortíssima presença. Nunca nos esquecemos que está ali", diz Balibar em uma das entrevistas sobre o filme.

Ao explanar para estudantes de cinema, no curso de Tóquio (COSTA, 2010), sobre o ofício de fazer filmes, o cineasta reafirma essa ideia de que cinema é trabalho, que é "durante o trabalho que as coisas acontecem" e que, por isso, não pode ensiná-los ali, naquele momento. Ao mesmo tempo que aponta que os filmes sempre são feitos "com pessoas, com atores, técnicos, colaboradores, amigos – e algumas vezes inimigos –, e é neste momento que um filme se realiza, no presente, então não é agora que vou dizer a vocês como são as coisas" (COSTA, 2010, p. 165). Nos parece que está expressa aqui, e nos dois filmes que escolhemos, também a relação do estudo com uma comunidade de pessoas e com uma tradição, conforme sugerimos na abertura deste texto. Tanto uma coletividade presente, como Jeanne e seus músicos, como Costa e sua equipe e colaboradores, quanto uma comunidade de filiações e referências que se acercam da obra de cada um. No filme dos Straub, isso se manifesta na conversa entre o casal na sala de montagem, ao falarem de outros cineastas, escritores e pintores, e em *Ne change*

ESTUDO E REPETIÇÃO: A RESPEITO DE DOIS FILMES DE PEDRO COSTA

rien, nas músicas ensaiadas por Balibar que constituem um repertório eclético nas escolhas e nas versões.[4] Às vezes, as referências do cineasta e da cantora explicitamente se cruzam, como na música *Ne change rien*, que dá nome ao título. A abertura da música traz a voz de Godard quando inicia *Histoire(s) du cinéma*, com a frase "Não mudes nada, para que tudo seja diferente".[5] Aliás, em uma entrevista em um dos festivais, o cineasta explica a escolha do título, dizendo que justamente lhe agradou pois vai no sentido contrário ao que se costuma ver nos títulos, que é "você tem que mudar" ou "tudo muda". Aludimos a esse argumento de Costa acerca de seu título em nosso *P de professor* (2018), na palavra "retrógrado", justamente para pensar nessa tensão "conservação versus renovação". Ao imperativo atual de que tudo deve estar em constante movimento, transformação, inovação – para usar uma palavra em voga –, talvez o mais revolucionário movimento seja o de conservar algo.

Ainda no curso de Tóquio, Costa (2010) enuncia, em um certo sentido, suas várias filiações, ao apontar Mizoguchi e Ozu,[6] entre outros, como mestres. Assim se refere aos dois:

> Direi que todo filme dirigido por Ozu e Mizoguchi
> é um filme que diz respeito, sobretudo, a artesãos, ao

---

[4] *Ne change rien* é composto por imagens de concertos em que Jeanne Balibar interpreta canções de seu primeiro disco, *Paramour* (2003), dos primeiros ensaios de canções de seu segundo disco, *Slalom Dame* (2006), e de provas de canto lírico e representações de *La Périchole*, de Jacques Offenbach, levada à cena em Paris, em 2006.

[5] Essa, por sua vez, é uma frase de Bresson, de *Notas sobre o cinematógrafo*, escrito em 1975. Construída de outra forma, "se queremos que tudo continue como está, é preciso que tudo mude", ela também está presente no romance *O leopardo*, de Giuseppe Tomasi Lampedusa, filmado por Luchino Visconti, em 1963.

[6] O bonito e contemplativo plano de duas senhoras japonesas sentadas, fumando, com parte do teto aparecendo, nos lembra o mestre Ozu.

prazer de se trabalhar, e esse trabalho é algo de bom, e o trabalho bem realizado é belo. Isso diz tudo. Um trabalho bem feito é mais significativo do que um bom tema (COSTA, 2010, p. 154).

Voltamos, por fim, à ideia de artesania relacionada não só ao trabalho, mas também à beleza. O diretor disse, no documentário *Tudo refloresce* (2006) — que consiste no acompanhamento de parte das filmagens de *Juventude em marcha* (2006) —, que só queria fazer "o filme mais bonito do mundo", em um trabalho que envolve prazeres e alegrias, assim como tédios e aborrecimentos. Balibar, em uma das entrevistas sobre *Ne change rien*, ao ser indagada sobre o que achou do filme, manteve um silêncio, e disse: "não sei. É um dos mais belos filmes que fiz [...]" e mais: "acho que o Pedro olha. Pedro é cineasta, o filme é seu olhar". Costa filma o que alguns chamariam de "processos criativos" ou "artísticos", mas que não são revelados como extraordinários, ao contrário, podem ser monótonos, exaustivos, repetitivos. Seu próprio trabalho tem esse modo de fazer estudioso, contrário a uma eficácia, a um deslumbramento, mas persistente e cuidadoso.

Os filmes foram feitos a seu tempo: 5 anos acompanhando Jeanne Balibar, 150 horas gravadas com os Straub. Vê-se aí, portanto, que a beleza tem algo não só do olhar, mas também, e principalmente, de paciência e cultivo.

Referências

AGAMBEN, G. *Autorretrato en el estudio*. Buenos Aires: Adriana Hidalgo, 2018.

BERGALA, A. Duplo negro. *In*: MAIA, C.; DUARTE, D. R.; MOURÃO, P. (Orgs.). *O cinema de Pedro Costa*. São Paulo: Centro Cultural Banco do Brasil, 2010.

BRESSON, R. *Notas sobre o cinematógrafo*. São Paulo: Iluminuras, 2005.

COSTA, P. Uma porta fechada que nos deixa a imaginar. Curso de Tóquio. *In*: MAIA, C.; DUARTE, D. R.; MOURÃO, P. (Orgs.). *O cinema de Pedro Costa*. São Paulo: Centro Cultural Banco do Brasil, 2010.

COSTA, P. *Un mirlo dorado, un ramo de flores y una cucharita de plata*. Barcelona: Prodimag, 2008.

CUBAS, C. J.; RECHIA, K. C. Sobre formas de hacer. El estudio y el oficio de profesor. *In*: BÁRCENA, F.; LÓPEZ, M.; LARROSA, J. (Orgs.). *Elogio del estudio*. Buenos Aires: Miño y Dávila, 2020.

FERNÁNDEZ, H. M. Pedro Costa: habitar el espacio, una cuestión de política. *In*: *El genio maligno: Revista de Humanidades y Ciencias Sociales*, n. 13, p. 176-199, 2013. Disponível em: https://elgeniomaligno.eu/pedro-costa-habitar-el-espacio-una-cuestion-de-politica-horacio-munoz-fernandez/. Acesso em: 15 set. 2022.

FLUSSER, V. *Los gestos*. Fenomenología y comunicación. Barcelona: Herder, 1994.

FOUCAULT, M. *Hermenéutica del sujeto*. México: Fondo de Cultura Económica, 2002.

GUIMARÃES, P. M. Filmar o ato de criação. Pedro Costa e a poética das artes. *In*: MAIA, C.; DUARTE, D. R.; MOURÃO, P. (Orgs.). *O cinema de Pedro Costa*. São Paulo: Centro Cultural Banco do Brasil, 2010.

LAFOSSE, P. Mas por quê!? (Observações). *In*: CABO, R. M. (Org.). *Cem mil cigarros*: os filmes de Pedro Costa. Lisboa: Orfeu negro, 2009.

LARROSA, J. Como entrar no quarto de Vanda. Notas sobre a investigação como experiência tendo como referência três filmes e alguns textos de Pedro Costa. *In*: MARTINS, F. F. R.; VARGAS NETTO, M. J.; KOHAN, W. O. (Orgs.). *Encontrar escola*. Rio de Janeiro: Lamparina, 2014.

LARROSA, J. *El profesor artesano*. Materiales para conversar sobre el oficio. Buenos Aires: Noveduc, 2020.

LARROSA, J. *Esperando no se sabe qué*. Sobre el oficio de profesor. Buenos Aires: Noveduc, 2019.

LARROSA, J.; RECHIA, K. C. *P de profesor*. Buenos Aires: Noveduc, 2018.

LÓPEZ, M. Del ocio al estudio. Sobre el cultivo y la transmisión de un arte. *In*: BÁRCENA, F.; LÓPEZ, M.; LARROSA, J. (Orgs.). *Elogio del estudio*. Buenos Aires: Miño y Dávila, 2020.

COLEÇÃO "EDUCAÇÃO: EXPERIÊNCIA E SENTIDO"

MASSCHELEIN, J.; SIMONS, M. *Em defesa da escola*: uma questão pública. 2. ed. Tradução de Cristina Antunes. Belo Horizonte: Autêntica, 2015.

PÉREC, G. *Especies de espacios*. Barcelona: Montesinos, 1976.

RANCIÈRE, J. *As distâncias do cinema*. Rio de Janeiro: Contraponto, 2012.

SENNETT, R. *El artesano*. Barcelona: Anagrama, 2009.

STIEGLER, B. *Prendre soin*. De la jeneusse et des générations. Paris: Flammarion, 2008.

Filmes

EL SOL del membrillo. Direção: Victor Erice. Espanha, 1992.

HISTOIRE(S) du cinema. Direção: Jean-Luc Godard. França/Suíça, 1988-1998.

JUVENTUDE em marcha. Direção: Pedro Costa. Portugal, 2006.

NE CHANGE rien. Direção: Pedro Costa. França/Portugal, 2009.

NO QUARTO da Vanda. Direção: Pedro Costa. Portugal/Alemanha/Suíça/Itália, 2000.

ONDE jaz o teu sorriso? Direção: Pedro Costa. França, 2001.

TUDO refloresce. Direção: Aurélien Gerbault. França, 2006.

EPÍLOGO

Jorge Larrosa

Poderíamos começar com Peter Handke, com aquilo de "pensar é para mim: pensar de novo uma palavra velha", porque contarei como a velha palavra "estudo", ultrapassada e já quase ininteligível, começou a habitar meus pensamentos e os de alguns dos meus amigos, esses com os quais a pessoa pensa ou, utilizando verbos menos solenes, esses com os quais a pessoa lê, escreve e conversa.

Este livro começou no Rio de Janeiro há mais de três anos, em uma conversa com Maximiliano López. Acabávamos de concluir um seminário intitulado *Elogio da escola*,[1] que tinha como ponto de partida um livro que era e ainda é muito inspirador para nós,[2] no qual a palavra "estudo" era mencionada e usada, porém não desenvolvida nem tematizada. A parte central desse livro intitula-se "O que é o escolar?" e nela elabora-se o que faz com que uma escola seja uma escola (e não uma fábrica, por exemplo, ou um mercado). Nesse outro livro, afirma-se que o que a escola

---

[1] As contribuições desse seminário foram publicadas em LARROSA, J. (Org.). *Elogio de la escuela*. Buenos Aires: Miño y Dávila, 2018 (Assim como na tradução para o português de Fernando Coelho, publicada em Belo Horizonte pela Autêntica em 2021 [N. T.]).

[2] SIMONS, M.; MASSCHELEIN, J. *Em defesa da escola*: uma questão pública. Belo Horizonte: Autêntica, 2013.

faz é transformar qualquer coisa em matéria de estudo (não em uma cátedra, ou disciplina, ou conteúdo, mas em matéria de estudo), ou, dito de outra forma: aquilo que a escola faz é abrir e apresentar o mundo para o estudo, ou, de um modo mais radical, que não se vai à escola para aprender mas para estudar.

A questão é que a palavra "estudo" já havia se tornado uma palavra pedagogicamente essencial para nós, e o que fizemos lá, naquela tarde carioca, foi decidir que Maxi organizaria em sua universidade, em Juiz de Fora, um evento intitulado *Elogio do estudo*; que esse evento seria paralelo ao que eu estava organizando em Florianópolis com o título *Elogio do professor;*[3] e que nosso amigo em comum, Fernando Bárcena, seria a pessoa mais adequada para receber a encomenda de uma espécie de "Elogio da vida estudiosa", isto é, para ele nos ajudar a pensar o estudo enquanto forma de vida. Fernando publicara recentemente o livro *El aprendiz eterno,*[4] mas nos pareceu que ele encarnava era a figura do eterno estudioso, e nos pareceu que poderia construir também a figura do professor, de si mesmo como professor, entendido enquanto um estudioso entre estudantes, como alguém que trata de iniciar os jovens no que ele próprio chamou de "um certo amor ao estudo".

Decidimos, pois, que iríamos nos dar tempo para estudar o estudo e, pouco depois, Maxi elaborou a chamada para o seu seminário, um convite muito lindo do qual transcrevo um fragmento:

---

[3] As contribuições desse seminário foram publicadas em LARROSA, J.; RECHIA, K. C.; CUBAS, C. J. (Orgs.). *Elogio del profesor.* Buenos Aires: Miño y Dávila, 2020 (Assim como na tradução para o português de Fernando Coelho, Karen Christine Rechia e Carol Jaques Cubas, publicada em Belo Horizonte pela Autêntica em 2021 [N.T.])

[4] Buenos Aires: Miño y Dávila, 2017.

Epílogo

Mesmo que à primeira vista possam parecer termos equivalentes, existe uma grande diferença entre aprender e estudar.

O termo "aprender" deriva do latim *apprehendere*, que significa literalmente prender. A palavra aprender enuncia basicamente o gesto do gato que caça o rato, do policial que prende o ladrão, ou do aprendiz que se esmera em capturar um determinado saber. Na órbita dessa expressão, encontramos termos como "apreensão", "presa", "empresa".

A palavra "estudo" provém do latim *studium* com o significado de empenho, aplicação, zelo, cuidado, desvelo. No aprender, o acento recai no sujeito que aprende, em suas inquietações, desejos e propósitos, enquanto no estudo o acento recai na matéria estudada. Aprende-se uma língua para viajar, para empreender um negócio, para comunicar uma ideia; estuda-se uma língua por um encantamento que está para além de qualquer utilidade. A palavra aprender exprime o desejo de tomar algo do mundo, enquanto o termo estudo indica, sobretudo, o desejo de colocar-se em relação a algo, de cuidá-lo e de prestar-lhe atenção. Nesse sentido, poderia se dizer que o estudioso não se serve daquilo que estuda, mas que, pelo contrário, desvela-se por esse aquilo, dedica-lhe a vida.

Acreditamos que uma consideração da ideia de estudo, de suas formas, seus pressupostos, suas condições e sentidos, poderia revelar-nos algo acerca de nossas atuais instituições educativas e permitir-nos pensar sua natureza específica e o modo em que as habitamos cotidianamente.

Essa conversa iniciada no Rio e continuada em Juiz de Fora teve como desdobramento o dossiê "Estudiar: investigaciones pedagógicas sobre su valor educativo", que Fernando

Bárcena coordenou para um número da publicação *Teoría de la Educación: Revista Interuniversitaria*.[5] O dossiê consistiu em uma explanação do estudo a partir de distintas perspectivas, mas, sobretudo, quis ser uma reivindicação do estudo no âmbito de uma crítica àquilo que nós estamos chamando de *learnification* da educação, ou seja, à substituição do discurso da educação pelo discurso da aprendizagem entendida cognitivamente. Desse ponto de vista, o dossiê tinha como propósito abrir um caminho para se pensar o estudo enquanto uma interrupção, ou uma suspensão, do tipo de escola que é funcional para a denominada "sociedade da informação", "do conhecimento" ou "da aprendizagem", para o que nós denominamos "capitalismo cognitivo".

De fato, os textos que compõem este livro provêm, convenientemente revisados e ampliados, tanto do seminário de Juiz de Fora como do dossiê da revista espanhola.

Quando o dossiê da *Revista Interuniversitaria Teoría de la Educación* foi publicado, Jan Masschelein recentemente tinha organizado, na Universidade de Leuven (Bélgica), uma conferência internacional sobre educação superior intitulada "Reivindicando práticas de estudo". A chamada do evento dizia, entre outras coisas, o seguinte:

> Em vez de pensarmos as funções da universidade, sua estrutura organizacional ou seus contextos sociais, econômicos ou políticos, queremos centrar-nos nas práticas de estudo que definem a vida tanto dos professores como dos estudantes (cursos, seminários de leitura e escrita, palestras, oficinas, trabalhos de campo etc.) para pensarmos em seu estado presente e em suas possíveis

---

[5] *In*: *Teoría de la Educación: Revista Interuniversitaria*, v. 31, n. 2, jul.–dez. 2019. Disponível em: http://revistas.usal.es/index.php/1130-3743/index. Acesso em: 10 set. 2022.

EPÍLOGO

modalidades futuras. Nosso primeiro objetivo é compreendermos como essas práticas de estudo têm sido tomadas por diferentes poderes que têm se apropriado de seus espaços, seus tempos, seus procedimentos e suas materialidades. Nosso segundo objetivo é pensarmos como poderíamos reivindicar novamente essas práticas de estudo, protegendo-as, defendendo-as, liberando-as ou reinventando-as.

Tratava-se de como ser estudiosos e estudantes de novo quando os espaços, os tempos, os procedimentos e as materialidades do estudo já nos foram em grande parte arrebatados, ou, em outras palavras, como reivindicar o que um dia foi nosso. Quase ao mesmo tempo, organizei em Barcelona, no Museu de Arte Contemporânea, umas jornadas intituladas "De estudiosos e estudantes",[6] evento cuja chamada dizia assim:

> Há um tempo vimos refletindo sobre o que é o estudo: seu significado, sua história, sua centralidade enquanto conceito pedagógico (e filosófico), sua potência para separar a escola (e a universidade) de sua subordinação às novas formas econômicas e biopolíticas do capitalismo cognitivo, esse que toma o aprender (e o aprender a aprender) como sua principal força produtiva. Vocês já sabem que nas revoltas estudantis europeias contra o processo de Bolonha uma das palavras de ordem era "somos estudantes e não capital humano" ou "somos estudantes e não mercadorias nas mãos de políticos e banqueiros". E talvez a definição dos professores enquanto estudiosos e iniciadores ao estudo (e não só enquanto produtores de conhecimento útil e mercantilizável)

---

[6] As contribuições dessas jornadas podem ser encontradas em LARROSA, J.; VENCESLAO, M. (Orgs.). *De estudiosos y estudiantes*. Barcelona: Ediciones de la Universidad de Barcelona, 2020.

possa nos ajudar a combater sua progressiva precarização e instrumentalização.

Para continuar refletindo, e, sobretudo, para conversar a esse respeito pública e amistosamente, estamos organizando umas jornadas cuja pretensão não é outra que suscitar e compartilhar palavras, ideias e perplexidades a respeito de assuntos tais como a ideia de estudo, a vida estudiosa, a leitura estudiosa, o estudo e o pensamento, as condições materiais e sociais do estudo, as artes ou os procedimentos do estudo, a iniciação ao estudo, a vida estudantil, os espaços e os tempos do estudo, o caráter público do estudo, a obsolescência do estudo, as dificuldades do estudo em uma sociedade (em uma escola e em uma universidade) da aprendizagem etc. Trata-se, definitivamente, de explorar a força de uma velha palavra para testar se ela pode nos resultar de alguma ajuda tanto para a crítica das instituições educativas do presente como para a invenção e a sustentação de formas outras de se relacionar com o dizer, com o saber e com o pensar.

Encerrarei com Gadamer, com aquilo de "botar uma palavra na boca não é utilizar um instrumento, mas situar-se no caminho aberto por ela". Apontei aqui para alguns dos caminhos que essa palavra tem aberto e está abrindo para mim, para nós, para um nós que encarna aqui neste livro. Mas, se publicá-lo faz algum sentido, é porque o que nós gostaríamos de verdade é que os improváveis leitores (ou leitoras: ou seja, você) se sentissem chamados a entrar na conversa, e, portanto, no caminho. Seguimos?

L'Hospitalet de Llobregat, dezembro de 2019.

Este livro foi composto com tipografia Bembo Std e impresso
em papel Off-White 70 g/m² na Formato Artes Gráficas.